スピリチュアルな話

宮沢賢治とでくのぼうの生き方

話　桑原啓善

装幀　小池潮里

序

本書は、昭和六十二年九月、十月、十一月、三回にわたる連続講話の記録です。タイトルは『宮沢賢治……』となっていますが、本当のテーマは「人間が幸福に生きるために必要な霊的常識」ということです。なぜ賢治をひきあいに出したかというと、講話の対象者が霊的知識が殆んどない主婦の方々だったのです。これらの方々に正しい霊的知識をもって貰う、そういうことだったので話の導入として宮沢賢治を使いました。なぜかというと、私見によると、賢治は霊の世界が見えたいわば霊視者だったのです。その詩や童話の作品にはふんだんに賢治が見た霊の世界が混入しています。あの賢治の作品の新鮮さ、無類の幻想性と、そして不可思議な真実性、その背後には実にこの異次元世界があったわけです。そういう話を切り口にしながら、私は本題の霊の問題に入ろうといたしました。

また、タイトルの『……でくのぼうの生き方』とは、賢治の理想の生き方は「雨ニモマケズ」の詩でうたわれている「デクノボー」にあったわけです。これは〈アラユルコトヲジブンヲカンジョウニイレ〉ない徹底した非利己性、また〈ホメラレモセズ、クニモサレ〉ない、これも無類の謙虚さにあったわけです。それは童話「グスコーブドリの伝記」などで描かれている、無私の献身性と言ったらよろしいでしょう。

さて、霊的真理を根源においてとらえますと、賢治の言う「デクノボー」に行きつくのです。すなわち「人間が幸福に生きるために必要な霊的常識」からしますと、「宮沢賢治のデクノボーの生き方」こそ、真理であり理想であるということになります。これがこの言葉を本書のタイトルとした理由です。

なお、本書は講話のテープおこしです。あまり手を加えずに話し言葉のままにしました。その方が当日親しみをこめて話をした実感が表せると思ったからです。

一九九五・七・一一

桑原 啓善

編注 2015年新装版より書名及び本文中の宮澤賢治の「澤」を「沢」に変えました。

目次

宮沢賢治とでくのぼうの生き方

第三話　霊を見ない者は幸福にならない（前半）……89

第四話　霊を見ない者は幸福にならない（後半）…… 143

第五話　人間とその霊的真理（前半）…… 165

第一話　宮沢賢治と本当の幸福（前半）

まえおきの話

ご紹介いただきました桑原でございます。昨夜は台風でしたね。私の家は逗子の海っぷちでして、波打ちぎわなんです。海から直接風が来まして、屋根が飛ぶんです。ですから、どうなることかと思いヒヤヒヤしていましたら、不幸中の幸いと申しますか逆にこんなにカラリとなりまして、来ることが出来ました。

サテ、今日は何のお話をしたらよろしいかと思うんです。皆様霊的なことは初めての方もおありのようで、そういう方々にも分かって頂くためには、何のお話をしたら良いかと思う次第です。袖すり合うも他生の縁と申しますから、仏教ではこれ前生からの縁と申しますから、せっかくこうやってお目にかかりましたので、何かしらお役に立てたらいいなと私は思っております。

実は私スピリチュアリズムと言いまして、(近代心霊研究に立脚した人間の生き方。神霊主義とでも訳しますか) そんなものを少し前に勉強したことがございます。ま、それを基礎にしながら、色々人生について考えたり悩んだりしたことがございます。それで、今日お世話役のSさんに、「Sさん、何のお話しましょうか」と言ったら「銀河鉄道の夜とか宮沢賢治の話だとか、そんなものはどうですか」とおっしゃった。それで、じゃそんなことに関連しながら、霊のお話をしてみようということになりました。

「本当の幸せとは何か」ということでお話ししたいと思っています。これ宮沢賢治の言葉でしてね。「本当の幸いとは何だろう」、これは銀河鉄道のテーマですね。私もそれにならいまして、今日は本当の幸せとは何だろうということで、考えてみたいと思います。「ああ、そんなものわかってるよ」と言われる方が大部分かもしれませんが、私なりに話をさせていただきます。宮沢賢治との関連におきまして話をさせていただきます。

りんごの皮をなめている愚

たとえば、ここにリンゴがあるとします。まっ赤な熟れたリンゴ、あれ皮だけ食べる人いませんよね。中の実を食べます。皆さんも皮をむいたら捨てるでしょう。ところが何と不思議なことに、現在の私達は実を食べていないんです。何しているかというと、外側の皮の赤いのを見て「ああ、素晴らしいなあ」とうっとり見とれたり、その皮をいっしょうけんめい磨きまして、あれやこれやの方法で、なかには化粧水までつける人もいますけど、油までつけてね。いっしょうけんめい磨いて、比べあったり競いあったりしています。そして、皮をなめてばっかりいるんです。リンゴの皮、ペロペロペロペロッ。どうして食べないかというと、現在の私達は、リンゴの皮の中に本当のおいしいエキスがあることが見えてないいんですよ。

もちろん、これはたとえ話です。つまり私達は赤い外見にうっとりとして、外見ばかり磨いて競い合ったり、どっちが赤いで喧嘩したり、リンゴを奪い合ったり、お腹がすくと、それをペロペロペロとなめたりしている。これでお腹が一杯になる筈はない。渇きはいっそう強くなるばかりです。そして不平と不満と空腹がつのって、戦争したり、破壊したり、殺しあったりしています。これというのも元はといえば、リンゴの外見の赤さに目がいって、中身の本当のエキスの存在まで知らない。人間のそういう愚かさにあるんです。

物質に幸福を求める愚

つまり現在の私達はね、宇宙の中の物質の面だけしか見えてないんです。外側の皮だけしか見えてない。中味。宮沢賢治によるとそれは第四次元の世界でありますよね。私達の言葉で言いますと、霊的な世界でございますけどね。それが見えない。あるってことを知らない。本当は幸せの魂と言いますか、震源地と言いますか、珠玉と申しますか、それは内部にあるんです。私達見えないから、外側の面ばかり見まして、これが幸せかしらん、幸せがほしいなあ。「幸せって何だろう」、物質だなあ、お金かしらんと思ってるんです。子供をもっている方は、偏差値教育をしていい学校へ入れることかしらん。若い人だとか、この頃は中年の人まで、フリーセックスと言いますか自由恋愛が幸せだなあと思ったりしています。国家は国家で、日本は経済大国などとそっくり返って、お金持つことが国家の幸せだとばかり思い込んでいます。ソ連だとかアメリカにすれば強大な武力、軍事力をもつことが国の繁栄だと思っていますね。

それが平和だと思っていますね。つまり物質だけが幸福と平和の手段だと思っているのですね。その結果がどうなるかと言いますと、戦争の危機は起こって来ますし、生態系は破壊されますし、海も川も汚染されますし、食料までみんな汚れてしまいますし。角つきあわせて競争しまして、喧嘩もしなくちゃいけないし。不平不満も起こるし、イライラも起こるし、家庭でもろくなことはございませんし。子供はグレるし、いじめっ子は出るし、ということばかりなんですよ。これはですね、本当の幸福の所在地を我々が知らずに、リンゴの皮の方だけを、それが幸福だと思って、愛《め》でて、競い合ったり、磨き合ったり、それだけをなめたり頬ずりしたりすることからそうなってるんじゃありませんか。

リンゴの中味を食べた宮沢賢治

ところがですね、現代人の中でね、はっきりとリンゴの中味を食べた人がいるんですよ。一人。言いかえますと、宇宙の中の本当の大事な物をはっきりと見た人がいるんですね。それが誰かと言うと、私は宮沢賢治だと思っております。

私は宮沢賢治の作品いろいろ読みました。研究家って程じゃございませんが。なぜ私は宮沢賢治を読んでみる気になったかと申しますと、さっき申しましたような人間の現在の状況の中で、賢治はたしかに見えない世界を見ていた、いわゆる異次元の世界を見ていた。そして彼の作品、童話でも詩でもですね、その見えない世界がはっきり描き出されていた、と見たんですね。こういう風な見方をしている人は他にいないみたいで、私一人みたいですけどね、私そう思ったんです。普通宮沢賢治は非常に有名ですね。今は世界的な作家です、たとえば現在の日本の大学の国文学科の卒論で一番多いのは宮沢賢治なんだそうです。研究者の数が一番多いんですね。それほど人気があるんですね。つまり非常に魅力があるんです。現在は外国でも翻訳されまして世界的な作家になってきました。

見えない世界を見た宮沢賢治

この人は昭和八年に死んだんですけどね、死ぬ時は無名だったんですね。まったくの無名だった。本を出しても売れなかったんです。童話集を出しても詩集を出しても、みんな自費出版ですけど全然売れなかったんです。死にまして数年たつと、どんどんどんどん読まれて、有名になって現在世界的な作家になったんですね。なぜかと言うと、この人の作品をお読みになるとわかるんですけど。童話、たとえば「銀河鉄道の夜」だとか、「風の又三郎」だとか、「セロ弾きのゴーシュ」だとか、いろいろありますね。「鹿踊りのはじまり」だとか、「注文の多い料理店」だとか、いろんなすぐれた名作がたくさんございます。

なぜ魅力あるかと言うとね。あれ非常に幻想的なんですよ。想像力抜群ていう感じ。しかも幻想に非常に透明感があって美しい。それがね、単なる夢の世界に思えないんですね。単なる想像に思えないんです。何か実在感を感じさせるような神秘的な美しさをもっているんですよ。それが宮沢賢治の童話のたぐいない魅力だと思いますね。

それから詩集は『春と修羅』という一巻の詩集を出していますけどもね。これがまた素晴らしいんですね。お読みになったことあると思いますけどね。一番最初に賢治の詩を認めました人の中に草野心平という詩人がいますけどね。この人が賢治の作品がすぐれているのは、新鮮無類なところにあるのだ、無類の新鮮さにあるのだ、こういう風に言っていますね。たしかにそうだと思います。なぜそんなに新鮮無類なんだろう。なぜあんなに童話は神秘的な美しい実在感をもっているんだろう。そこをいろいろな研究者があっちからもこっちからも、いろんなことで研究していますが、どうもピタッとつかまえられないんです。なるほどという解答が出てこないんですね。

私はそれをこう思ったんです。彼は見えない世界を見たごく少数の人だなあ。我々には見えない、しかし実在する世界を見てとったんだなあ。その世界を童話や詩に書いたんだなあ、と思ったんです。我々はその世界を見たことがないもんですから、その詩を読むと無類の新鮮さを感じていて驚くんです。驚くような見たことのない無類の情景が言葉になって出ているので驚くんです。童話を見てみましても非常に幻想的で神秘的であるけれども、何となく実在感があるんですね。単なる夢想だとは思えないんです。それは、彼があるものをうつしているんですね。彼はこう言っています。「私が書いたものは、私が見たとおりのものを書いたんだ」と詩においても童話においても言っておりますね。

そこで私はたしかに彼は我々の見てないものを見えたから、あのすぐれた作品ができたにちがいないと思ったんですね。前からそれは感じておりましたが、しかしそれを確かめようがないんですね。なぜかと言うと資料がないんです。つまりそういうことを研究した人が全然いないので資料がないんですね。ですから長い間胸の中であったためていたんです。

森荘已池氏を訪ねる

ところがね、岩手県の盛岡市に森荘已池という方がおります。この方は直木賞作家ですね。この人が『宮沢賢治の肖像』という本を出しているんですね。有名な本ですけど、その中にこう書いてあるんです。「私は賢治と会うたびに怪力乱神の話ばかり聞いていました」怪力乱神とは、幽霊だとか妖怪変化だとかいう意味ですね。そこで私は、これだ、この人に聞けばわかるなあと思ったんです。そこですぐ盛岡に行きました。三年前の九月ですから、もうまる三年になりますかねェ。

行ったんです。森さんは前から少し知っているところもありましたから、以前私の雑誌に寄稿してもらったことがありましたから、行きますと快く会ってもらえました。そしたら、二階の座敷へ案内されました。六畳の間のね。すると森さんがこう言うんです「桑原さん、ここへ賢治はしょっちゅう来てたんですよ。この部屋で何回も泊まっていきましたよ」。私、そうかと思いましてね。賢治は今から五十四年前に死んでおります。あっ、この部屋か。そういえば燻《くすぶ》った部屋でね、畳なんかも壁なんかも古いんですね。

そこに大きな本棚があるんですね。二メートル四方くらいのね。これが賢治が使っていた書棚なんですね。非常に曰くつきの書棚なんですヨ。今賢治記念館という大きな建物ができていますがね、その賢治記念館で、これを「くれ、くれ」と言いますが絶対放さないです。「オレが死んだらやるヨ」って森さん言ってるんですね。それほど曰くつきの。それを私、さわりました、これを賢治が使ってたんだな、そんな思いで。

森氏のとっておきの話

その森荘已池さんがね、急にこういう話をしてくれたんです。これは今まで話をしたこともないし書いたこともないことだが、こういうことがあるんです。賢治が死んだ当日の話です。賢治は昭和八年九月二十一日午後一時半に亡くなります。今日は九月十七日ですから、あと四日後ですね。五十四年祭がおそらく岩手県の花巻という賢治の故郷で行われますよ。北は北海道から鹿児島県まで、賢治ファンが集まってきて盛大なお祭りです。あと四日後に行われます。そういうわけで今から五十四年前に亡くなってるんですけれどもね。その賢治がいた部屋にいて私は話を聞いたんですけども、その臨終の日の話です。

朝四時か五時でしょう、寝てますとね、階下で靴音がするんです。ゴポゴポという靴音がするんですよ。何回もいったり来たりしているんですよ。てっきりこれ泥棒だと思って、階段を下りてね、下から三段目まで降りたらピタッと音が止まったんです。下は電気がついていて土間になっているんですね。いくらさがしても誰もいない、カギは締まったままだ。そういう話をしているところへ、森先生の奥さんがお茶を持って二階へ上がってこられましてね、「そうなんですよ、あれ賢治さんですよ。賢治さんはいつもゴム靴をはいていまして歩くとゴポゴポという音がするんです」。奥さんもいっしょに聞いたらしいんですね。賢治がいつもゴムの靴をはいていたことは有名なことなんですね。

　どうも音がしたらしくって、聞きなれた音らしくって、賢治が死ぬ日の朝。その日賢治は臨終で、自宅で臥せっていました。森さんの家は盛岡です。賢治が寝てたのは花巻です。電車で一時間くらいかかるでしょうね。来れるわけないですよ。臨終のひん死の人がね。それなのにその日の朝四時か五時頃、二人とも靴音を聞いて間違いなく賢治だと思った。だが誰もいない。不思議だなぁと思っていると、その日の午後になって賢治が死んだという知らせを受けた。こういう話を聞きました。

「はじめてあなたに話すんだがね」と話してくれました。

　実は私も非常にそれと似た経験をもっています。私の先生、前田鐵之助という詩人ですが、亡くなって三日目に私の所に出現しました。私はアリアリとその霊の姿を見ました。そういう体験をもっておりますので、私がそれ話しますと、非常に符合する話でしてね、それですっかり意気投合しちゃったんですよ。

鬼神の話

そこで、色々話をして下さいました。で「森先生、あれですか、賢治さんというのは色々霊的なものが見えたんじゃないですか」って言ったら、「そうですよ、見えたんですよ。しょっちゅう私その話を聞かされておりました」。現に森さんが書いている話も色々あります。

たとえば、賢治も書いておりますけど、早池峰山に行って大きな岩の上に寝てたらそこへ二人のお坊さんが現れてきて、「ナムアミダブツ」とお経をとなえ出した。あれは、何百年か前にそこの上にお寺があって、真言宗か真宗のお寺があって、それがもう無くなったんだけど、そこの亡霊達だなんて賢治書いていますね。見えたんですね、賢治には亡霊が。

ある時は、どっか田舎に行きまして、帰りがけにくたびれたので、トラックに便乗させてもらって帰って来たら、崖っぷちを通る時にハッと賢治が気がつきますとね、赤い肌をした小人が何人も来まして、トラックを落とそうとしたんですよ。小さな鬼のようなものだ、と言ってる。それが何とかかんとかガヤガヤ言いながら落とそうとするんだそうです。あぶないナと思ったら、こんどは、崖っぷちの方にですね、大きな二間ぐらいっていうから四メーターくらいある真白な観音様の手が現れてそのトラックをズーッとささえている。これは危ないナと思ったのでさっと飛び降りたら、その瞬間にトラックは崖下に落っこちてしまった。運転手も助手も幸いそこにいっしょに飛び降りたらしいんですけども。そういうことがあったんですね。賢治は見えたんですよ。この赤い肌の小さな鬼っていうのは妖精なんです、悪い妖精なんですけど。そういうのいるんですよ。

森さんは色々な話をしてくれました。たとえば、賢治さんが花巻農学校の先生だったんですが、その花巻農学校に賢治の宿直日に森さんが行きますと、賢治が「あそこの森はね、悪い神様がいて困るんだよ。あの神様は村人にいたずらばかりして困るんだよ。土神っていうのもいてね、あれは質《たち》が良くないよ」なんて色々な話をしてくれたのです。見えたんです。賢治にはそういう霊的なものが見えていたんです。

するとと森さんはこう言いました、「いや、もうしょっちゅう見えたらしいけどもね、あまり他人には絶対口外をしなかった。（そんなことを言って人を惑わせたり、迷惑かけたりしたらいけないので、僕ははなさないんだよ）と、賢治さんは言っていました。だけどよく見えたんですよ、あの人は」こう森さんは言いました。それでね、私は確信持ったんですよ。森さんもっと話をして下さいと言いますと、急に森さんは「や、もうやめた」と言い出したんです。

なぜかと言うと、賢治の弟さんがご健在なんです。宮沢清六さんて方で、この辺では有名な方です。非常にこういうこと話すのイヤがるんです。賢治のお父さんも生前賢治が見えるのを、イヤがって隠した。宮沢家のタブーです。田舎ですからね、そんなものがあるとキツネ憑きだとか何とか言われるんじゃないでしょうか。色々なことを、陰口をですね。だから絶対に話をさせなかった。だから宮沢家のタブーだった。賢治は書いていないし、誰にも話さなかった。そういうことですね。

賢治と森氏の出会い

しかし森さんにだけは話してくれたんですね。なぜ話してくれたかと言いますとね、こうなんですよ。宮沢賢治と森荘已池さんが知り合ったのは大正十四年ぐらいのことだと思いますけどね。森荘已池さんは早熟の文学少年で、中学生の頃から岩手日報の文芸欄の批評をやっていたんです。ペンネームで詩をのせたり文芸批評をやってたんです。誰しもみんなちゃんとした大人の作家だと思っていたらしいんですね。で宮沢賢治が『春と修羅』という詩集を出した時に誰も全然いい批評しなかったんですね。無視したんですよ。その時に森荘已池さんが岩手日報でいい批評を書いてやったんです。それを非常に徳としましてね、宮沢賢治が自分の住んでいる花巻から、森さんの住んでいる盛岡まで訪ねて来たんですね。

いままでも森さんのお宅は弟さんが八百屋さんをやっています。昔から、その時から八百屋さんらしいんですね。そこへ、賢治が「私、花巻の宮沢です。森さんおいでになりますか」と訪ねて来たんです。お母さんが出て来て「ええ、おります。佐一や、お客さんだよ」と言って呼んだんですね。出て来たのが、いが栗頭の詰め襟服の中学生なんですね。中学四年生ですね。今の高校一年ぐらいでしょうか。もう賢治がびっくり仰天しちゃったんですね。これが私の批評してくれたあの人か。びっくりしたんです。何かそのドギマギした状況が森さんの『店頭』という有名な作品に情景あらわに書いてあります。

とにかく賢治は「その辺まで出ませんか」と言って、盛岡一の高級料理屋につれていって、七円とかの定食を食べさせてくれた。その頃の七円は大変です。あの頃は、二十円ぐらいあると一ヶ月家族食えた頃ですからね。賢治の家は金持ちなんですよ。お父さんが質屋でね、花巻でも有数の素封家だったんですね。とにかくびっくり仰天した。

しかし、なぜ賢治はタブーであったそういうおばけの話を森さんにだけ話をしたかと言うと、文学の仲間だったんです。話すことが全部わかってくれた。しかも、彼はまだ中学生、ちょうど賢治はその頃、花巻農学校の教師だったんですね。自分の教えている農学校の生徒と同じ年頃です。子供みたいなもんですね。しかし文学は対等で話せる文学少年。それでもう気がねなくと言うんですか、あらゆることを自由に話せたらしいんですね。ですから誰にも話せないことを話すためにしょっちゅうやって来ては森さんの家に泊まっていろんなことを話をしていた。だから森さんは、賢治に関する一番くわしい身近な資料を知っている人です。ですからいっぱい賢治の思い出や記録を書いている人なんですね。そういうことでね、タブーとなっていたことを森さんだけが知っていたんですよ。

そこへ私は行きまして、今まで誰も余り関心を持たなかった霊の話を切り出したもんだから、森さんはついペラペラ話し出した。私もつい調子にのって、もっと話をしてくれと言いましたから、弟さんの宮沢清六さんに悪いからと言って、話さなかったんです。もうかんべんしてくれと、話さなかったんです。

ひょうたんから駒、清六氏に会う

私はその足ですぐ宮沢清六さんの処へ行ったんですね。森さんが、清六さんの処へ行っても、鬼神、妖怪の話はするなよって言われたんですがね。私が行きましたら、宮沢清六さんは非常に歓待してくれましてね、ものすごい喜んでくれたんです。はじめて会ったんですけど。でつい図に乗って本当は賢治さん色々な物が見えたんじゃありませんかって言ったら、とたんに顔がひきつって、本当にけいれんしたみたいに頬がひきつってしまいましてね、「そんなことありません。知りません」って言い出したきり、何も言わなくなったんです。こりゃいかんと思って私は退散して来たんですけどね。

それほどタブーだったんです。賢治のその事実は知られたくなかったんです。だからほとんど知られてなかったし、賢治が霊が見えたってことをほとんど誰も知らなかった。問題にしなかった。だから、そういう面から賢治の作品をとらえようとした人は今までいなかったんですよ。私は非常に幸運にも賢治が霊媒だということ、つまり霊感の強い人だったということをこれで知ることが出来た。清六さんがヒタ隠しにしたことは、逆に賢治がすぐれた霊媒者であった事実を裏書きにしたようなもんです。そこでこの人は我々に見えない霊的な物、あるいは霊的な世界を見ることが出来る人だな。作品にはそういう世界がたくさん出ているにちがいないなぁ、という研究の根拠を得たわけですね。

賢治の四次元の世界とは

宮沢賢治はそれをはっきりと言っていますよ。私の書いている作品はみんな四次元の世界だって書いている。四次元と言いますとね、普通の人はむずかしいアインシュタインの四次元の世界とかなんとか哲学的に、あるいは科学的に考えてしまうんです。実際はですね、霊的な世界なんです。私達が死んでから行くあの世の世界ですね。死後の世界。これは霊的な世界、四次元の世界です。で、我々は死んで霊として存続するんです。そしてあの世に行くんです。賢治はそれを四次元の世界という形で言っていました。世間の人は賢治が霊魂が見えるってことは知らなかったものですから、何だか四次元ての は哲学的な科学的な、彼が頭の中で考えた想像したね、むずかしい世界じゃないかなと思ってたらしいんですけども。そうじゃなくて、賢治にとってはまさに彼が書いているように、彼の目に見えたままの世界だったんです。

このようにして彼は霊的な世界、霊の存在を見ながら作品を書いていた。我々の知らない世界の存在をズーっと書いてきたんです。だから、色々な作品にそれが出て来ます。私が見ますと、たしかにあれもそうだこれもそうだ、これはあの世界の情景だ、ああこれ向こうのあれだ、とみんなわかっちゃうんです。

童話『銀河鉄道の夜』と、世界法則

彼の作品の中で一番代表作となるこの『銀河鉄道の夜』っていう本ありますよね。これは、死後の世界の情景を書いたものなんです。そこに一本の銀河鉄道という鉄道を死後の世界に走らせています。天上の世界、すなわち天国まで走って行く上り一本の急行列車なんですね。そこにいろんな登場人物が出て来て、いろんなことありまして、いろんな情景が出て来まして天国へ向かってまっすぐ走って行くという風に私は見ました。ですからここに、あの世の姿がそっくり出て来ます。あの世の人の動きがそっくり出て来ます。それだけじゃなくて、あの世の世界の法則がはっきりと描き出されています。あの世の世界の法則というのがこの世の世界にも通用する法則でありまして、それこそまさに賢治のとらえた幸福の原理なんです。人間の幸福の原理。この世においてもあの世においても通用する幸福の原理。それが実にあの世の世界にはっきりと姿を示しているんです。そういうものを銀河鉄道の夜で、あの世の世界のことを描きながら、本当の幸せとは何だろう。そういうものを我々のはかない肉眼ではなかなか見にくいけど、もっとするどい内面的な眼で実在を見る目でとらえていったんですね。だから単なるお伽《とぎ》噺《ばなし》、幻想、想像の物語じゃないんです。実在の宇宙の内面の、我々の生命の根源となっている世界のありのままの法則を描き出してみせたんです。これは驚くべき作品なんですね。だから非常に魅力があるわけなんですよ。そういうことで銀河鉄道の夜にどんなことが書いてあるか、これから簡単に話します。

けなげな少年ジョバンニ

ジョバンニという少年がいるんですね、とても正直で誠実でいい子なんですね。お母さんと二人で住んでいるんですね。お母さんは病気で寝たっきりなんです。彼は学校に行き、そして昼間は印刷屋にアルバイトに行って、それでお母さんの薬や食べ物を買って来て看病しているというけなげな少年なんです。そのジョバンニが主人公です。

銀河のお祭りの日。星祭りの日のことです。ジョバンニの学校の友達はみんな、星祭りをするためにね、川に行くんですね。川にいろんなカラスウリに火をつけて流したりなんかしてお祝いして遊ぶんですね。ジョバンニはお母さんの看病したり印刷屋にアルバイトに行ったり、そしてもらったお金で夕方ね、お母さんのために牛乳を牧場にとりに行くんですね。その星祭りの日、ジョバンニは友達たちがワイワイと楽しそうに川で遊んでいるのを横に見ながら、牧場に牛乳を取りに行くんです。ところがわかっている人がいなくて、「わからないからまた後、来て下さいよ」って言われちゃったんです。しょうがないから彼は、牧場のこっちの野原に行って休んでたんです。そうしましたら、ウトウトとしたんでしょうね。「銀河ステーション、銀河ステーション」という声がひびきます。銀河停車場ですね。そこへ汽車が来まして、彼はそれへ乗り込んでしまうんですね。

それはいわゆる銀河鉄道なんです。もう彼は夢の世界の中へ、つまり現実の世界から夢の世界へ入っていっているんですね。そして彼はこの銀河鉄道に乗ってこれから旅行をすることになるんですね。この銀河鉄道っていうのはね、銀河ですね、天の川、白い天の川ですね。あれを川に見たてたんです。天の川のほとりをズーっと走って行くのが銀河鉄道なんですね。どこへ走っていくかと言うと、天国の世界まで走っていくんです。

銀河鉄道の旅

天の川というのはですね、宇宙の根源の世界ですよ。太陽系の親でしょう。宇宙の根源の世界、生命の根源の世界、生命の川の流れるところ天の川ですね。そのそばをこの銀河鉄道が走っている。

彼は乗るんですね、乗りますとね、そばにもう一人少年が乗ってるんです、いつのまにか出現するんです。それはね、親友のカムパネルラという少年です。どうしたことか、びっしょり濡れた黒い洋服を着て、青ざめた顔をして淋しそうに乗ってるんです。「おや、カムパネルラ」ってわけでどうしたんだろうと思ったんです。実は、カムパネルラはこの時死んでいるんです。星祭りで川に行きまして遊んでいるうちに、友達のいじめっ子のザネリというのが川に落っこっちゃうんですね。親切なカムパネルラは飛び込んでザネリを助けてやるんですよ。しかし自分は溺れて死んでしまうんです。その亡霊なんですけどね、それがこの銀河鉄道に急に乗り込んで来たんです。だけどそんなことジョバンニはちっとも知りません。あっカムパネルラ来てるナ。どうしたんだろうと思う程度でいっしょに乗っていくんですね。ジョバンニは生きている人間です。カムパネルラは死んだ少年です。この二人を乗せて銀河鉄道は銀河のほとりを行くんです。

銀河鉄道の風景

その辺の風景がね、もうあの世の風景そのままです。たとえばね、賢治はこう書いています。空気はダイヤモンド会社の人が〈かくして置いた金剛石を、誰かがいきなりひっくりかへして、ばら撒《ま》いたといふ風に眼の前がさあっと明るくな〉る程光ってると書いていますね。それから銀河の水は〈そのきれいな水は、ガラスよりも水素よりも透《す》きとほって〉おり、そして銀色の空のすすきがなびき、あちこちに標識が赤や青の燐光の三角標が野原いっぱいに光っている。そして線路の縁には〈月長石ででも刻まれたような素晴らしい紫のりんどうの花が咲いて〉いる。銀河の河原を見ますとね、〈砂はみんな水晶だ〉水晶の内には〈小さな火が燃えている〉そして水の波は〈美しい燐光をあげてちらちらと燃えるように見えた〉とこういう風にいろんなこと書いております。これはこの世の世界じゃないですね。幻想だと言えば幻想かもわかりませんが、私あの世の霊界の状況を色々調べてみますと、まさにこのような世界が、こんな所があるんです。あちらの世界はいろんな所がございますけどね、わりあい正直な人が普通に行く世界はこういう世界です。サマーランドという所でね、常夏の国ってわけで、グァムかハワイをもうちょっと明るくした、もっともっと素晴らしくしたような所が普通の善人が行く所ですよ。そこの姿、まさにこのような姿ですね。彼、見えたんだなあ、賢治は見えたんだなあと私は思いました。そういう中をズーっと銀河鉄道が通ってゆく。

神出鬼没の乗客たち

さてこの銀河鉄道にはね、いろんな人が乗り込んで来るんですよ。乗り込み方は変なんですね。ハッと気がついたらもうそこに乗ってるんです。たとえば鳥を捕る人、「鳥捕り」がフッと乗り込んで来るんですね。鳥を捕ることを仕事にしている人。鳥捕り。フッと乗って来るんですね。また、燈台守なんかもフッと乗って来るんですね。お爺さんなんかもフッと乗って来るんですね。それが不思議なのでジョバンニがこの鳥捕りにね、「どうしてここへ来たんですか」って聞いたらね、「そりゃ君、来ようと思ったから来たんだよ」と、何でもなく言うんですね。みんなそういう風にね、パッと来ちゃう。かと思うとパッといなくなっちゃう。変なんですね。しかしこれが、あの世の姿なんですね。

　それから汽車がちょっと停車します。プリオシン海岸で停車します。その時にね、ジョバンニもカムパネルラも降りるんですけど、河原で遊びすぎて急いで発車に間にあうように乗り込んでくるんです。その時に二人はびっくりするんですね。こう言ってます。〈ほんとうに風のように走れたのです〉〈こんなにしてかけるなら、もう世界中だってかけれると、ジョバンニは思いました〉こういう風に書いてあるんですね。アッという間に二人はかけることが出来た。生きている人間であるジョバンニもアッという間に世界中を走れるぐらいのスピードで入って来たんですね。これはどういうことかと言うとね、あの世というのは、思想の世界なんです。思ったことがすぐ実現する世界です。あそこへ行きたいと思うと、パッと行ってしまいます。富士山へ行きたいと思うと、富士山の頂上へパッと行く、アメリカへ行きたいと思うとアメリカへパッと行っちゃう。思想の世界です。賢治はそのことをはっきり述べています。（思想はエネルギーだ、また光だ。お菓子だって光だ、エネルギーだ、思想だ）ってこういうふうに言っております。これはね、破天荒の、現在の科学を越える破天荒の発言ですね。あの世の世界の法則はそのとおりなんです。今に科学がもう少し二十一世紀になって進歩しますと、そういうことがだんだん分かるようになってくると私は思っています。そうなんです。だからパッと出現するというのはね、あの世の状況をそっくり賢治は見たんだなぁと私は思いましたですね。

思想はエネルギー

で、いろんなことがあります。たとえばね、乗り込んできた燈台守がこう言ったんですね、「このあたりでは農業もいたしますけど、種を植えますと、ひとりでにいい作物が作られるんですよ」ってこういうふうに話してるんですね。農業、という仕事もいい物を作りたいなぁと思うと、その思想によって果実が自然に生まれて来る、思想イコール、エネルギーである。そういうふうな状況になってるんですね。

またこの汽車なんかも、鉄道なんかもね、石炭や石油で動いているんじゃありませんよ、ってこういってるんですね。どっからかセロの声（神様のような声）がひびいてきまして、こうなんだ、動かそうというある意志があるから動いているんだということを教えてくれるんですね。大いなる意志があるんですね。意志がエネルギーだと言ってるんですね。これは四次元の世界の法則なんですね。あの世の世界の、四次元の世界の法則なんですけどね。我々には見えませんけども実在する世界ですね。それがそっくり銀河鉄道の夜の中には現れているんですね。

以上私が申しましたことは、この銀河鉄道は四次元のあの世の世界のことを賢治がまさに見えたから、見たとおりに書いたものなんだということを言うために申し上げたんです。

あの世は階層世界

さて、この銀河鉄道で大事なことは何かというとこういうことなんです。この列車はですね、あの世の低い所から天上の世界へまっすぐ行く上り一本の列車なんです。この中に幸福の原理が出てくるんです。あの世の仕組みが出てくるんですね。どういうことかというと、あの世といいますものは、現世でこの世で行《おこな》った自分の行為ですね、行いの結果によって、いい所へ行ったり、悪い所へ行ったりする仕組みになっているんです。

これは昔からの、あの天国地獄の話にもございますけども、あれは一つのお話のように思いますが、あの中に偉大な真理が実はあるんですね。ずいぶん迷信も入ってきておりますけどもね、原理的には真理なんですよ。この世で行ったその人の行為によって、低い所に入ったり、中くらいの所に入ったり、いい所に入ったりする仕組みになっているんです。

向こうの世界は階層の世界です。非常にいい所から悪い所へ階層の世界。銀河鉄道はこの階層の世界を下から上へズーっと天国まで上っていくんです。銀河鉄道に出てくるいろんな物語はですね、その階層の世界を一つ一つ登ってゆく状況で描かれているんです。一番天国に入るそこに幸福とは何か、本当の幸福とは何かという原理が描かれているんですね。

いつまでも輪廻をつづける人

どういうことかと申しますと、こうなんですね。さっき出た鳥捕りですけど、途中で下車しちゃうんですね。最後まで乗ってないんですよ。一番先に下車しちゃうんですね。なぜかってこの鳥捕りって変なんですよ。彼は汽車に乗ってまして、途中からパッと降りてはね、銀河の河原に出ましてね、鳥を捕るんです。こういう風にね、鳥を捕ってますね。鶴だとか鷺《さぎ》だとか雁だとか。捕ってね、それを葉っぱのようにペチャンコにしてね、それが、チョコレートのようなお菓子みたいにおいしくなっちゃうんですね。そういうことをしている人なんですよ。彼に言わせるとね、銀河の砂つぶ、それは水晶のようで内に小さな火が燃えている、と賢治は書いておりましたね。あの砂つぶが凍ってボーッとなると鷺になるんだよと言うんですね。その鷺が飛んでいまして、また鷺が河原に帰って砂つぶに返るその瞬間に足をつかまえるんだ。そして押し葉のように押して、それをつぶすとチョコレートのようにおいしくなるんだ、とこう言うんです。

ジョバンニやカムパネルラにもごちそうしてくれるんですね。すると、カムパネルラが「なんだこれ鳥じゃない、ただのお菓子じゃないか」と言うと、鳥捕りがあわてて、出ていったんですね。それっきり再び乗りません。

鳥捕りというのが研究者の方にはけっこうわからないんですが、それは実はこういうことなんですよ。この人は生き物である鳥をね、捕らえてお菓子にして人に食べさしたり売ったりすることをあの世に行ってもまだやめないんですよ。生き物を殺生するということを楽しみにしている。少しもその痛みを感じない、あるいは金もうけをすると言いますか、いわばエゴイズムの生活をしている人なんですよ。あの世では飲食を必要としないわけですよ、それなのに今なおですね、そういういわばエゴイズムの生活をするってことは、よろしくないわけですね。そこでこの人は汽車に乗って天国まで行けない。途中で降りてしまう。降りるけれど、また途中から乗って来たり、また降りて鳥を捕って売ったり、また乗ったりという、要するにこれはくり返しくり返し乗ったり降りたり一定の低い所を乗ったり降りたりする。これを仏教では輪廻の人と言いますね。輪廻転生という言葉でも申しますがね。輪廻の人。要するに、極楽へ行けなくって、天国へ行けなくて、何回も何回もこの地上に生まれてくる人ですね。お釈迦様はこの地上を苦の世界と言いましたね。この地上の苦界へ何度も何度も生まれてきても、目の覚めない人、それが鳥捕りです。何も鳥を捕って売る人だけが輪廻の人じゃないんです。生き物のいのちが分からない人、殺生する人。また人をコケにしたり、だましたり、平気で人を売ったり、自分の利益のために人を平気で利用したり。つまり、人とか動物とか物質とか（物も本当はいのちなのです）、そういう命の大切さが分からないために、自分勝手な生き方をしている人はみんな輪廻の人です。そういえば私達はたいていこの輪廻する人かもしれません。賢治はあの世で実際に鳥を捕って売る人の姿を見て、それが私達多くの姿として描いたんです。鳥捕りは何度でも乗ってもすぐ降ります。降りると性懲りもなくまた鳥を捕って売ります。こうして、決してそこから先（つまり天国へは）進めません。

さそりの火の教訓

さて列車は高原を通ったりなんかして低い所からだんだんだんだんと高い所へ入って行きます。するといろんな人が乗って来ます。たとえば三人の、家庭教師の青年と少女と小さい弟と三人ですね。フッといつの間にか乗り込んで来る人ですね。この人達は何かというとね、旅行中に船が難船して、溺れて死んだ人達なんです。家庭教師と少女と弟です。どうやって死んだかと言うとね、救命ボートが出されたんです。乗り込もうとしたけれど、もっと小さい子供達がいたので、それを押しのけてどうしても乗れなかったんです。家庭教師はせめて二人の子供だけでも乗せたいと思ったけど、もっと小さい子供がいたんで、どうしても乗せることができずとうとう観念して溺れて死んでしまった。という死者ですね。その三人が乗り込んでくるんですよ。列車はどんどんどんどん上へ向かって走ってゆく。そうして行きますと、天の一角に赤々と燃える火が見えてくるんですね。列車の窓からみんなあれ何だろう。あっあれ蝎《さそり》の火だ。真赤に燃えていると子供たちが叫ぶんです。これは何かと申しますとね、蝎がですね、イタチに食われそうになったんですよ。命からがら逃げて井戸があったんで、井戸に飛び降りた。井戸に飛び降りたら助かったんですけども、結局溺れて死んでしまうんですけどもね。その時蝎がつくづく思うんですね。あーあ私は悪いことをした。今までたくさんの虫をとって追いかけて食べていたけども、私は同じようなことをして虫達を苦しめていたんだな。悪いことをしたな。つくづく思うんです。自分がイタチに食われそうになって初めてね、そういう罪を悟るんですね。これ生存罪というんですね。

それで神様にお祈りするんです。私はイタチに食われてやれば良かったな、こうやってむなしく死ぬくらいなら、井戸に飛び込まずに食われてやれば良かったな。どうか神様この次に生まれたらみんなの幸せのために私の体を使って下さい、とお祈りをするんですよ。それと共に彼の体は真赤に燃えて天の一角に輝くようになります。要するにみんな人々のための自己犠牲のための愛のお祈り、つまり献身のお祈りですね。ですから神様はこのようにサソリを赤い火に燃え立たせて下さって、天の一角に燃える火となって輝いているんですね。これはね、上り列車の入り口にあるんですよ。上りの入り口にあるということは、世のため人のために役立つということは、人の幸福のお役に立つということは、つまり「奉仕」ということは、天国へ行く条件、つまり天国の入口にある大事な関所だということを賢治は書いたんですね。

自己犠牲を実践した三人づれ

さて汽車はもっとどんどん進んで行きます。銀河鉄道を進んで登っていきます。そして美しい美しい河原へ行くんですね。綾なる情景。そこにはいろんな素晴らしい音楽も響いてきます。向こうから、真白な着物を着て十字架を持った神々しい方が迎えに来ます。そしてここが「サウザンクロス・ステーション」なんですね。南十字ステーション、南十字駅なんです。そこで列車は止まりました。みんなが降りて行きます。さっき話しました青年と少女と弟の三人連れも降りてゆきます。そこは、天上の入口です。天上へ行くための入口の駅だといわれています。ですからキリストのような人が十字架を持っていたりして、ハルレヤハルレヤとコーラスの中で、みんな神々しい中で降りてゆくんですね。なぜ青年達は、あの三人づれは蝎よりももっと上の南十字駅で降りることが出来たか。天国の入口の駅で降りることが出来たか、なぜでしょうね。

それはこうなんです。蝎はたしかに、この次生まれたらみんなの幸福の役に立つように体を使って下さいとお祈りをしました。しかしまだ犠牲になって体をささげたわけではありません。お祈りだけでした。願いだけでした。しかしこの三人の青年達は、難船をいたしまして、自分が生きられそうだったのに小さい子供達をボートに乗せまして、そのために自ら犠牲になって死んじゃったんですね。自己犠牲の献身と言いますか、愛を実践してるんです。お祈りだけじゃなくて実践をしているんです。だからお祈りをするだけよりも実践をすることがもっと高い美徳なんですね。であるからこれは南十字ステーションで降りて行くんです。三人は実践をした人です。自己犠牲の献身、愛を実践してるんです。こういうわけですね。

天上に入る条件

さて列車はさらに進んで行きます。ジョバンニとカムパネルラだけを乗せてどんどん上へ上へと進んでいきます。二人きりになるとジョバンニが言います。「僕もうあのサソリのように、皆の幸せのためなら百ぺん体を焼かれてもかまわない」と。カムパネルラも「うん、僕もそうだ」って言うんです。だがジョバンニが次に、「でも本当のさいわいって何だろう」と言うと、カムパネルラが急に「僕わからない」とつぶやくんです。

これ分かりますか？　初めに出たように、カムパネルラは友達を救うために自分を犠牲にして死んだんです。今この銀河鉄道に乗って、天国の、お母さんのいる所へ、死後の世界へと行ってるんです。でもお母さんに会ったら、お母さんはきっとお悲しみになるだろう。自分を犠牲にして友達を助けるという非常にいいことをしたんだけども、お母さんはやっぱり悲しむんじゃないかなと思ったんで、本当の幸せって何だろう、とジョバンニが言ったら、自信をもって答えられなくて、僕わからないと言った。ですからこの時のカムパネルラは天上の世界へ入る資格がまだないんです。確信を持ってないんです。自己犠牲の愛に。

すると、空の向こうに大きな黒い穴みたいなものが見えてくるんです。これは宇宙の穴だっていうんです。石炭袋だって叫ぶんです。今でいうとブラックホールでしょうか。吸い込まれたら二度と出てこれない恐ろしい穴が見えてくるんですね。あれが宇宙の穴だよ。石炭袋だよ。恐ろしいな、見るからに体が震えるような恐ろしい所ですね。

すると、ジョバンニがこう言います、「僕もうあんな大きな暗《やみ》の中だってこわくない、皆の本当の幸せを探しに行く。どこまでもどこまでも僕たち一緒に行こうね」と。すると、カムパネルラは今度はキッパリと、「あゝきっと行くよ」と答えるんです。するとカムパネルラの目に急に美しい野原が見えてきます。「あ、あすこにいるのお母さんだ、あそこが本当の天上だよ」、そういうと共にカムパネルラの姿は銀河鉄道から消えました。

カムパネルラは天上界に入ったんです。自己犠牲の愛を本当に確信できたからです。同じように少年ジョバンニも同じ思いで、それから銀河鉄道は無限の空へと走るんですね。宮沢賢治の「本当の幸福」とはこれです。〈無私の献身に生きる愛〉、これなんですね。賢治はこの宇宙法則を銀河鉄道という上り一本の列車に託しながら画いてみせたのです。

あの世は愛の階層世界

賢治がなぜこういうものを書いたかというと、賢治にはあの世の姿が見えていたんです。あの世の世界とは階層世界なんですね。愛による階層世界。悪い世界からいい世界への階段をこうやって描いて書いて、誰がいい世界へ入るか、その資格条件までちゃんと書いている。天上の世界に入る条件は、はっきり言っているように自己犠牲の献身。これ愛という言葉で言いますね。お釈迦様は慈悲という言葉で申しました。イエス・キリストは隣人愛という言葉で申しました。孔子様は仁という言葉で申しました。これはまた、奉仕、サービスの「奉仕」とも言いますね。布施とも言います。いろんな言葉で言いますけども、要するに自分を犠牲にしても人のためにつくすということがこの世の最高の美徳である。それが本当の幸いなんだ、と賢治は見つけたんです。考えたんじゃなくて見つけたんです。あの世の世界、四次元の根源の世界の中から、はっきり見つけたんです。

銀河鉄道の夜の素晴らしさはここにありますね。一人の人間の思想や思いつきじゃなくて、実際に存在する宇宙の法を、その世界が見える目を持った人が、実際に見て来てそのとおり描いて見せてくれたことです。賢治の作品の美しさや新鮮さはあの世の姿の描写そのままだったからです。だから『銀河鉄道の夜』は素晴らしい。これ真理の文学なんですね。お伽噺《とぎばなし》や童話なんかじゃないんですよ。というふうな内容をもっているのですね。このお伽噺《とぎばなし》のように見える、童話のように見える銀河鉄道の夜が、日本で最高といって、最も人気のある童話ですね。外国でも翻訳されて素晴らしいと賛美されてますが、それはその内容に素晴らしい我々の気がつかなかった宇宙のエキスが実はある。宇宙の根源の法則というようなものが、ここに描かれてきているんですね。

グスコーブドリとよだかの星

宮沢賢治は銀河鉄道だけじゃございませんね、いろんな作品でね、この愛と言いますか、自己犠牲の愛ですね、これが幸福の法則だ原理だということを描いております。たとえば、『グスコーブドリの伝記』というのがあります。グスコーブドリは貧しい家の子供ですが、ある先生について科学を学びます。ある夏、冷夏になって国中の人が苦しみます。ところが火山を爆発させますと、気候が変わって、あったかい夏に変わっていくんですよ。それが出来るのは、グスコーブドリの先生だけなんです。グスコーブドリはみずからその役をかって出ます。そして火山の爆発をさせるんです。習いおぼえた科学でもってね。自分は犠牲になってね。自分の体は吹っ飛んじゃう、いっしょに。しかし火山の爆発で世の中はあったかくなって豊作になっちゃうんですね。というような形で愛というか自己犠牲の献身が最高の美徳であるということを、こういう作品で描いていますね。

あるいはね、『よだかの星』という作品もそうですね。夜だかというのは鷹の種類らしいんですけども、本当に醜いんですね。でみんなの鳥からつまはじきにされるんですね。醜い、醜いと言ってね。で特に鷹からね、毛嫌いされるんですね。お前、夜鷹だなんて、鷹という名前つけられて、お前みたいなみっともない奴はけしからん、名前を変えろ、名前を変えろ、と色々な無理難題を押しつけられるんですね。明日までに変えなければお前殺すぞ、と言われてしまう。しかしなかなかいろんな難題がありまして、出来ないもんですから悲しみました夜鷹は空へ向かってかぎりなく上ってゆくんですね。どうか神様、こんなことなら私を殺して下さい。殺して下さいって天の星に向かってどんどんどんどん飛び上がってくんです。ところがね、こうやって飛んでゆきますと口の中へいろんな虫がいっぱい入ってくるんですよね。飛び込んでくるんです。それでね、あっ私は今まで虫をいっぱい食べてたじゃないか。私は今殺されようとしている。しかし私はずいぶん殺したじゃないか、たくさん。というわけで、ものすごくざんげするんですね。もう一生私は何も食べまい、何も食べまい、私を殺して下さいって言うんですね。そしてかぎりなく上っていきますと、ついに夜だかの体は鷹になってしまう、本当の鷹になるんです。そして光を発して星になるんですね。これが夜鷹の星です。醜い夜だかが星になって輝く。このように賢治はですね、自己犠牲と言いますか、他者に対する愛と言いますか、非常にこれを高く買ってるんです。素晴らしいものだと言っている。なぜ素晴らしいかと言うとね。それが人間の生きる道であると共に幸福の宇宙法則なんですよ。それをやると必ず幸福になるという原理なんです。それを賢治は言いたかったわけなんですね。

愛の人、賢治

賢治はこうやってね、我々には見えない世界を彼の見える目でもって四次元の世界をみまして、本当の幸福の原理をもってきて色々な作品に書いたんです。そうして彼自身が愛の人なんですよ。どれくらい愛の人かと申しますとね、彼はある時友達にこういう風に手紙を送っています。「僕はこの春から生物の体を食うのをやめました。食われるさかなが私のうしろにいて私を見ていたら何と思うでしょうか。もしまた、私がさかなで私も食われ、私の父も食われ、私の母も食われ私の妹も食われているとする。私は前にさかなだったことがあって食われたにちがいありません」こんな風に手紙を出してるんです。そして彼は菜食主義に入っていきます。彼は菜食主義をきびしく守ってゆきます。それはね、菜食主義が体にいいから自分の健康のために菜食をしようなんていう自己中心的な菜食じゃないんですね。食べたらかわいそうだから、っていうことで彼は菜食やってるんです。ここが我々の菜食とはずいぶん違ってるんですね。このように彼はね、さかなも自分と同じ生命だった。そこに彼の美しい心っていいますか、あるんですね。その美しい心があったから我々に見えないものが見えたんですよ。見えたんです。

妹の死と、妹を尋ねて

で、彼が見えたってことは本当に見えたんですよ。彼にはね、妹が三人あったんですね。弟が一人に妹が三人ありましてね。すぐ下の妹がトシさんていいましてね。この人は大変な才媛だったらしく、日本女子大の家政科を出ましてね、花巻女学校の家庭科の先生になるわけなんですね。この妹を非常に愛したんですね。ところがその妹が若くして亡くなっちゃうんですね。大正十一年に亡くなります。賢治が二十六歳。二つ違いだから二十四歳で亡くなったんですね。それを非常に悲しむんですよ。その時に彼は一日に三編の素晴らしい詩を作っています。賢治の詩の中でも最も傑作と言われている詩でね、妹の死をなげく詩ですね。「無声慟哭」だとか、「永訣の朝」だとかね、「松の針」三編ね。これは珠玉のような作品ですね。最も美しい詩ですね。だけどそれだけでおさまらず、彼は死んだ妹、トシを尋ねて、北海道から樺太を旅行するんですよ。大正十二年に。

彼は霊魂の存在、あの世の存在を知っていながら、やっぱり悲しみがふっ切れなかった。人間ですね。十二年の夏に北海道から樺太へかけて旅行します。そこでまたいろんな妹の死を悲しむ詩を書いております。「オホーツク挽歌」「青森挽歌」なんていう詩を書いています。その挽歌の中でもね、美しい詩ですよね、「青森挽歌」は。こんな出だしですよ。

〈こんなやみよののはらのなかをゆくときは／客車のまどはみんな水族館の窓になる／乾いたでんしんばしらの列が／せはしく遷つているらしい／きしやは銀河系の玲瓏《れいろう》レンズ／巨きな水素のりんごのなかをかけている／りんごのなかをはしつている〉

彼の乗っている列車がですね。もう銀河の中に入っていくように、大きな銀河系の玲瓏レンズの大きな水素のリンゴの中を走ってゆくんですね。そしてね、あの世に入っていくんです。

本当の幸福

彼は、あの世に行ってね、死んだ妹のトシを求めるんです。どこにいるだろう、あっちかしらこっちかしら。そして詩の中にあの世の姿を描写しています。美しい極楽のような状況と、地獄に近いような悪い世界の状況を描いて、トシはどっちに行ったろう、どっちに行ったろうとさがして、なげき悲しんでるんですね。

最後にこう言ってるんですね。どっちに行ったろう、どっちに行ったろう、さんざん迷って何度か、どうか良い方へ行ってくれと思った挙句、とうとうこう言います。〈すべてあるがごとくにあり／かがやくごとくにかがやくもの／おまへの武器やあらゆるものは／おまへにくらくおそろしく／まことはたのしくあかるいのだ〉そして、ついにこう言い切ります。〈みんなむかしからのきゃうだいなのだから　けっしてひとりをいのってはいけない〉これ有名な言葉ですね。何という美しい言葉でしょう。〈みんな昔からの兄弟なのだから、けっしてひとりをいのってはいけない〉。さんざん妹を尋ねて、どうかいい方の世界に行っていておくれと思いながら、ついにそう祈っちゃいけないと思い当たるんです。さっき出ましたね、〈すべてあるがごとくにあり／かがやくごとくにかがやくもの／おまへの武器やあらゆるものは／おまへにくらくおそろしく／まことはたのしくあかるいのだ〉、これちょっとむずかしいですけれども、要するにね、仮にトシが生きている時に悪いことをして、そのために結果として悪い世界に入ったとしても、それはかならずしもトシにとって悪いことではない。本当はそれによってトシがこんどはいい方へよみがえってくる、進歩向上してゆくステップになるんだから、だからまことは楽しくあかるいのだ。そういうことです。

　そこで最後に一番大事なことに気付くんです。〈みんな昔からの兄弟なのだからけっしてひとりを祈ってはいけない〉。賢治にとって自分のことを祈ることは罪なんです。祈るならばすべての人の幸せを祈らなければいけないんですね。なぜならば、みんな昔からの兄弟、つまり私はアナタ、アナタは私だからです。だから、賢治の有名な言葉がありますね。「世界がぜんたい幸福にならないうちは個人の幸福はあり得ない」。有名な言葉ですね。

　つまり、人が幸福になる時は、世界も個人も一緒だというのです。個人が先に幸福になったら、後から世界が幸福になるという法則はどこにもない。反対に、世界を先に幸福にしてから、後から個人が幸福になれるという法もどこにもない。個人と世界の幸福は同時一緒だというのです。なぜならば世界と個人とは一つのもの。アナタは私、私はアナタ、万物も世界も私だからです。だから人は〈みんな昔からの兄弟〉。このことが今賢治の胸にドスンときて、この「青森挽歌」の最後のところでこう歌います。

あいつがなくなつてからあとのよるひる
わたくしはただの一どたりと
あいつだけがいいとこに行けばいいと
さういのりはしなかつたとおもひます

絶唱ですね、そうして私たちの胸にもドスンときます。そうだ、私たちはみんな兄弟なのだから、自分ひとりの幸福を祈ってはいけない。そうだ私たちも、けっしてそう祈りはしなかったと、言えるようになりたいと。賢治の本当の幸福とはここのところです。自分ひとりを祈らない。みんなの幸せを祈るとき、みんなの幸せと、個人の幸福がはじめて一緒に地球に来る、ここのところですね。

第二話　宮沢賢治と本当の幸福（後半）

みんな昔からの兄弟

賢治において、幸福の原理というものは、自分のために何かをし、自分のためにプラスになるように考えることじゃなくて、人にプラスになるように考え、人のために何かをすること、これが幸福になるただひとつのコースなんだというふうに言っている。その通りなんですね。このことを現在の我々はわからない、むしろ反対のことをやっている。だから最初に申しましたように、リンゴの皮だけなめて、ピカピカの皮だけに憧れて中身を食べることを知らない、中身というのがリンゴの本当の味ですね。その食べ方は皮をむく、つまり世のため人のためのお世話をすると、中身の本当のウマミが味わえる。これが幸福というものです。賢治はそれを見てとっているんですね。

賢治はなぜそういうことを知っていたかというと目に見えたんですけどね、どれぐらい目に見えたかというとこの『春と修羅』という詩集の一番最初に、出だしの詩ですね序詩を書いております。

わたくしといふ現象は
あらゆる透明な幽霊の複合体

誰もこれを解釈できないんですね。どういうことかというと、私というのは一人じゃないんですとこう言っておりますね。誰でも私というのは一人なんだ、親とも別れて私は一人なんだ、私は何々という名前の私なんだ、子供を生んだけども子供は独立して結局、子供は子供であって私は私なんだ、天地にただ独り、私なんだとみんな思っている。科学でもそうだと教えるんです。体が一人一人別なように人はみんな独りだと思っている。

ところが賢治はですね違う、「わたくしという現象は、あらゆる透明な幽霊の複合体」。幽霊というとお化けのように思いますが、そうじゃなくてね、霊魂なんですね、私も霊魂、皆さんも本当は霊魂なんですね、霊なんです。霊というのはスピリット、素晴らしいものなんですね。その霊というのは一人一人孤立しているんじゃなくて、みんなつながっているんです。へその緒でつながるように霊的なひもで皆つながっているんですね。

体は別々ですけども霊はつながっているんです。賢治にはそれが見えていたんです。「わたくしという現象は、あらゆる透明な幽霊の複合体」皆さんの霊と、皆と私はつながっているんだと、見えていた。

だからさっき読みましたように、「みんな昔からの兄弟なのだから決して一人を祈ってはいけない」ということなんです。「みんな昔からの兄弟」というのは、元々人間というのは霊であって、霊はへその緒のようなひもで皆つながっているんだ、兄弟なんだ、霊的な血が通っているんだ、これが本物の人間なんだ、だから皆昔からの兄弟、永遠に兄弟なのだ、我々は幽霊の、霊の複合体なんだ、皆兄弟なんだ、こういうことを見てとって、知ってたんです。兄弟であることを知っていたから自分一人の幸福を祈ったんではだめなんですね。自分のために幸福になることをいくらやりましてもですね、霊的なひもで、つまりへその緒でお互いつながっているんですから、人が不幸になれば、人の不幸な血がみんな自分に流れてくるんです、だから自分をいくら幸福にしたと思っても瞬間であって、時間がたつと不幸な血が全部流れてきて、自分も一蓮托生で不幸になる。まあそういうことなんですね。だから自分が幸福になりたかったら他の人が全部幸福になるように考えてあげる、してあげる。で、他の人が幸福になるとその血が全部自分に流れてきて幸福になる、まあ簡単に言うと、ごく簡単に言うとそういうことなんですね。

このように賢治は目が見えて、人間が霊だと思って、霊はみんなへその緒でつながって、兄弟なんだと思ったから、だから幸福の原理とは自分一人が幸福にしたってだめなんだ、価値が、効果がないんだ、やっぱり他の人が幸福になる時に初めてその流れが自分に返ってきて、初めて自分が幸福になる、これが原理なんだということを知っていた。これは霊的な目が見えていたからなんですね。

でも我々は目が節穴で霊的なものが見えなくて、肉体だけしか見えませんから、みんな別々に切り離されて孤立していると思う、だから自分が幸福になるためには自分のためにかせいだらいいとか、自分を可愛がったらいいとか、あの人は関係ないよとか思ってしまう。これが全然間違いなんです。

このように賢治は目が見えたから、四次元の世界が見えたから、この世の本当の、どん底の幸福の原理というのを見つけてきたんですね。まあこの賢治のお話はそういうふうなことでお話をいたしました。

世の中は逆真理

さて、これに関連してもう少しお話をさして頂きますと、皆さんはどういうふうにお考えでしょうか。賢治は、本当の幸いは自己犠牲の献身だと、相手のために人様のために、色々と奉仕をすることだ、人のために何かをしてあげることだ、人が幸福になるようにしてあげることだとこう見ているんですけどね。これをまあ幸福の原理と見ているんですけど、皆さんはどうお考えでしょうかね。

この二十世紀の地球上の人間のものの考え方から申しますと、幸福の原理は自分のために何かをすることだと、普通の常識ではそう考えていますね、誰しもそうですね。人のために何かすることが本当は幸福なんだと知っている人は非常に数が少ないと思うんですね。ところが賢治に言わせると、人間はみんな間違ったこと、間違った原理をやっている、不幸になる原理が幸福になる原理だと思っている。すなわち、自分のために何かやると幸福になると思っている。それはエゴ、利己主義、あるいは自己中心であって不幸になる原理なんです。そんなことはちっとも知らずに、不幸になるとはちっとも知らずに、一生懸命幸福になりたいと思ってそんなことをやっている、賢治に言わせるとそういうことなんですよね。

で、本当の幸福の原理というのは、人様のために何かをすると、これが自分の幸福になる。それはよく考えてみますと常識でもわかると思いますけどね。人の物を取りますと人は怒りますね。で、奪い返されますね、恨まれますね、足ひっぱられます、どっかで意地悪されますね。取った時は儲かったと思うんです、私は幸せになったと思うんだけどもいつかは取られる。あるいは他のことで足ひっぱられてそれを取ったことが却って損になって自分は不幸になる。奪うと奪い返される、逆に与えると与えられるんです。物をあげたり、親切にしてもらえば「ああ有り難いなあ、あの人に何かしてあげたいなあ」と思って困っている時に助けてくれる、何か物がないとくれる。与えると与えられる、奪うと奪い返される、愛すると愛される。人はみんな人から愛されたいと誰しも思っているんです。ところがね、愛する方法みんな間違っているんです。自分の好き勝手にエゴイスティックに相手を取り扱うことが愛だと思っているんですね。そうじゃなくてもっと相手を生かすように、相手が幸せになるようにしてあげることが本当の生かすことなんですね。相手は幸せになると感謝しますからね、必ずこちらを愛してくれます。だから本当に自分が愛されることは人を先ず愛すること、先ず愛すること。「先ず自分を愛してくれ、愛してくれたら愛しますよ」ではだめなんです、絶対愛される時は来ないんです。こちらが愛する時に初めて愛されるんです。逆にこちらが憎む時に向こうから憎まれる、向こうを叩けば叩き返される、これは原理なんです。

太陽のようになれ

もう一遍申しますと、与えると与えられる、奪うと奪い返される、愛すると愛される、憎むと憎まれる、これは原理なんです。ですから我々は幸福になりたいと思ったらやっぱり人を愛すること、先ず与えること、ちょうどお天道様みたいにですね。

太陽は我々に光と熱を与えてくれます。その光と熱のおかげで地は青々と緑に、葉緑素を出します、青い葉っぱも野菜も木も草もできます。その木や草や芽を食べまして草食動物が生きているんですね。肉食動物はまたその動物を食べて生きているんです。こういった動物が死にますと大地に落ちて新しい栄養となって、またよみがえってきます。そのみなもとがですね、地上の全てが食べて生きている源泉にあるのは太陽の光と熱です。太陽はその代わりに金をくれなんて一度も言ったことはありません。大昔から愚痴も文句も言いません。我々が太陽に向かって文句言っても何も言わずに昨日と同じように熱と光を与えてくれる。そのおかげで我々は生きている。あの太陽と同じように我々が真似して愛すること、あのようにすればいい。そうすれば愛される、無限に与えれば与えられる、これがどうも原理なんですね。

因果応報の原理がある

ですから皆さん長い目でお考えになってみますとね、おわかりになると思うんですね。これを「因果応報の原理」といいます。宗教ではたいていそういうことは教えてくれます。ですけど宗教ではそれから先の肝心なことを教えてくれないので困るんです。そこまで教わるとね、人間は「ああそうか与えると与えられるのか、じゃあ先ず与えとこうかな、これだけ欲しいからこれだけ与えとこう」これは商売ですね。これは本当の愛ではございません。エゴです、これでは現世利益のエゴイズムの宗教なんです、これは全部不幸になる原理です。エゴですから、自己中心ですから、そういうふうに宗教はみんなおちいりがちなのです。つまりそこまでしか教えない、与えると与えられるというと、「じゃあ貰うために与えようか」となり「愛されるために愛しておこうか」と、これは本当の愛ではない、太陽はそんな計算などちっともしておられません。無私ですね。

賢治が言うように自己犠牲、自分を犠牲にして自分は何も得ない、本当に無私の奉仕の愛、奉仕によって与えるだけ、これが結果として与えられる、これが結果として愛される原理なんです。でもえてして宗教の教えはそこでちょん切るからだめなんですね。

中にはね、「与えれば与えられる？　愛すれば愛される？　それはそうかもわからない、だけどこの世は短い七、八十年だ、その間楽すればいいんだから、そんなもの取った方がいいじゃないか、嫌な奴はけっ飛ばしたらいいじゃないか、その辺のを持って来ればいいじゃないか、自分のために稼げばいいじゃないか、後は知ったこっちゃないよ」という刹那主義といいますか、太く短くといいますか、いくら与えることが幸福の原理だと教えたって、人生七、八十年と思っているとこの刹那の幸福だけに生きようとしてしまう。いくら宗教でも霊についての正しい知識がないと、こういうことになってしまいます。ですから、それから先が必要なんです。どういうことかというと、こういうことなんです。

死後にも次生にもかかわる因果の理法

この世の中には今申しました因果応報、「因果律」と申します法則があるんですよ、いやでもおうでも我々は全部一人残らずこの法則の上で生かされている。厳然たる宇宙の法則なんです。因果の法、だから今言ったように与えると与えられる、奪うと奪われる、憎むと憎まれる、許すと許される、因果の法則があるんです、これは誰一人逃れることはできないんですね。まあ宗教もそれは教えてくれるんですけどね。これはこの世だけじゃないんですよ、この世だけじゃなくあの世にまであるんです。この世で無私の奉仕の愛の行いをしてね、何も報いられなかった人がいますね。しかしあの世に行くとかならずいい所に行かされるんですね。この世でうまいことをしてね、七十年うまいことをすればいいんだといって、悪いことばっかりしてお金をためて、悪徳をしてこんなに金持ちになってたとしても、因果の法で必ずその人は地獄へ落ちるんです。因果の理法というのが厳然とあります。あの世は永遠です、この世は七十年です。

それだけじゃあない、あの世に行って行きっぱなしじゃあないんですね。またこの世に生まれ変わってくるんですね。お釈迦さんのように悟りを開いて、全部悪いことをしなかった人はあの世に行きっぱなしで天上に入ってしまいますが、我々はそうはいきませんからあやまちをおかしますからね。罪を犯しますから、やっぱり罪を償うためにといいますか、やり返されるためにまた生まれてくるんです。で、最初に申しました袖すり合うも他生の縁、他生というのはあちらの世界という意味ですね、前生という意味ですね、という意味で我々には前生もございますし、あの世もございますし、また罪を償うためにと申しますか、過ちをやり変えるためにまたこの世の中に何回も生まれ変わるんですね。ですから、この世で悪いことをしますと、あの世の悪い所に行くだけじゃなくって、またその罪を償うためにこの世に帰ってきて同じような苦労を、もっとつらい苦労をしなくっちゃいけないんですね、これが因果の理法というものでございまして、これが千人の人がいれば千人、五十億の人がいれば五十億人、大昔から永遠の未来まで人間、生き物を支配している宇宙の法則があるんです、これが因果の理法といい、そういうものがあるんです。

で、人間はね、地上七十年の生命だと、この世の中には霊魂もないんだあの世もないんだ物質だけだと思っているからその因果の理法がわからないんです、そして生まれかわって苦しんで現在不幸があると自分が過去にまいた種の結果だとは思わずに、あの人が悪いからこうなった、親が悪いからこうなった、環境が悪いからこうなった、先生が悪いからこうなった、貧乏だからこうなった、人のせいにばっかりしているんです。実は現在の状況は善かれ悪しかれ全部自分が過去にまいた種の結果なんです。あの世に行ってもそれはめぐってきます。生まれ変わってもめぐってきます。ですから悪い結果を消すためには現在の行い、思い一切を善くしていくことですね。それ以外に方法はないんですよ。まあそういうふうに因果の理法というものがあって、この世だけでなく、あの世だけでなく次の世にかけてズーッと因果の理法というのはあります。賢治はちゃんとそれを見てとっていたんですね。そういう仕掛けになっているわけなんですね。ですからやっぱりエゴではいけないわけで、幸福になるためにはエゴではいけない、幸福になりたかったら人を最初に幸福にしなければいけないんですね。

あなたの中にある幸福の原石

ではなぜ神様といいましょうか、宇宙にはそういうふうな法則があるのでしょうか、因果の理法というものがあるのでしょうかと、こういうことなんですけども。こんなものなければいいのにねえ、それはない方が幸せなのに、何でそんなものがあるんだろうなあと。これは説明するのが非常に難しいんで、まあこういうふうにお話ししておきます。

もし皆さんね、ここにひとつの宝石がございます、大きなダイヤモンドの宝石ね、これが幸福の宝石だとします、この宝石を持っていればその人は幸福になる、幸福の原理の宝石だとします。そういうものがこの宇宙にはあるとします。あるんですよ。皆それが欲しいばっかりにその宝石を捜しに歩いているわけでしょう。「山のあなたの空遠く、「幸《さいわい》」住むと人のいう。噫《あゝ》、われ人ととめゆきて、涙さしぐみかえりきぬ。山のあなたになお遠く、「幸」住むと人のいう」探しても探しても、その青い鳥、幸福の宝石は手に入らぬ。しかし、どっかにそれがあると思っているから皆捜しているんですよ。あるんです、この宇宙にあるんです、たった一つその宝石が。それを持っていると温かい光が出てきましてね。持っていますと自分自身が美しく光り輝いてくるんですよ、その宝石を持っていますとね。そこから素晴らしい光やエネルギーが出ましてね、自分の身体も健康になるんですね。健康で本当に美しく光り輝いてくるんですよ。そこからは素晴らしい愛の光やエネルギーが出ましてね。これを持っていますと他の人もね、暖かい美しい気持ちになる。そしてその宝石を持っている人を皆が好きになってくれるんですね。愛の光を出すんですね。またその光は大きな力をもっていましてね、それを持っていますと、人が慕ってよって来るだけじゃなく、自分も美しくなるだけじゃなく、動物も石コロも植物も、みんなその光に感動してしまって寄ってくるんですね。必要な家も必要な食べ物も必要なお金も、必要なだけのものがズーッとその宝石を持っている人の所に、その宝石を慕って集まってくるんですね。言い換えますと、その宝石を持っていますとその人は美しくなり健康になるだけでなく、人からも慕われ、愛を慕って人々が寄ってきて、対人関係も素晴らしく良くなっていき、そうして色々な現実の日常生活も、物質的な必要な物は全部ととのってしまう。家庭の中も全部その光によってうまく整って、子供たちも素晴らしく育っていく、そういうものが幸福ですね。その幸福を可能にするものは唯一つだけこの世にあるんです。幸福の宝石です。それは青い鳥とでも言っておきましょうかねえ。あるんですこの世界に、皆がそれを欲しがって捜し求めております。一体なんでしょうか。賢治はちゃんとそれを教えてくれました、彼の見える目でちゃんとそれを教えてくれました。

「世界がぜんたい幸福にならないうちは個人の幸福はあり得ない」

愛ですね、こういう言い方をしましょう、その宝石があるんです。どこにあるかと言うと、「山のあなたの空遠く」さがしに行くからいけないんです。皆さんの胸の中にあるんです、一個ずつあるんです。ただしその宝石はまだ磨かれておりません。原石のままです。しかしその宝石は人間の胸の中にひとつずつあるんです。磨かれない原石のままで幸福の宝石があるんです。我々はその宝石の存在に気付き、この宝石を磨けばいいんです。光が出てさっき私が申しましたような心身ともに幸福になるんです。

さてその幸福になる宝石とは何か、これがスピリットなんです。これは霊と訳しますね。人間の体の中には霊というものがあるんです。霊というと幽霊やおばけと思いますがそんなものじゃございません。何かというとね、神の部分です。神というものがございましてね、神というとちょっと宗教的ですが、大宇宙を創ったある大きな意志といいますか、エネルギーというか力があるんですね。最も大きなものですね。それの部分があるんです、それがスピリットです、霊です。それは小さいから、部分だから大した力ないんじゃないかと思うけど、そうじゃないんです。神とまったく同じ性質のものが我々の中に入ってる霊なんです。神の火花と申しますかね、霊なんです、神と同じ力を内蔵したものなんです。全く同じ力を内蔵したもの、それが我々の中の霊なんです。

で、我々は死にますと肉体は焼き場にいって焼かれてなくなって、普通の人はそれで消滅したと思いますが、そんなことじゃないんです。霊は生き残ります。嬉々としてあの世に入っていきまして新しい生活に入っていきます。あの世は賢治が言いましたように色々な階層に分れた、素晴らしく無限の高い世界まであるんですね。最高は神界、神の世界ですね。そこまで行けるようになっているんです。なぜそうなっているかというと我々の中には神の分身があるからです。つまり神と同じ性質を持った火花、神が宇宙を創られたと同じような力をもったもの、すなわちこれこそが宇宙を動かし宇宙を変えるのと同じ位に大きな力を持ったもの、すなわち、不可能なものがないエネルギー、すなわちこれこそが幸福の宝石なんです。我々はこの存在に気付かなかったんですね。で、我々がこの存在に気付き、そしてこれを磨けばですね、この宝石を磨けばさっき言いましたように光を発して心身ともに幸福になる、家庭も幸福になる、国も幸福になる、宇宙も幸福になる。そういう素晴らしいものがあるんですね。

その磨き方は、神の背中を見て生きること

で、どうやったらその宝石が磨けるのか、磨く方法を賢治は教えてくれた。「世界がぜんたい幸福にならないうちは個人の幸福はあり得ない」。自己を犠牲にして人のため

に奉仕すること、人のためにサービスすること、自分を置いて人のために何かをしてあげること、これが自分の中にある磨かれていない魂を、霊を磨く唯一つの方法なんです。

なぜ献身が、愛が魂を磨く唯一つの方法かというとね、それはその通りなんです。神とは愛なんです、宇宙を創っている大いなる意志とは愛なんです。ちょうど太陽は神みたいなもんですけどね、太陽は惜しみなく光とエネルギーを与えます。愚痴をいいません、与えるだけです、素晴らしい愛ですね。あれを見てわかるように、神とは大いなる愛なんです。それの真似をすれば我々の宝石は磨かれる、何となれば我々はその神の子だからです。神の子供です。ですから親の真似、親である神の真似をすれば我々は神のようになって光っていくんです。我々はやがて神になるんです。この宝石が磨かれる時に我々は一人一人が神になるんです。ということは心身共に無上の幸福の中に入っていくんです。そういうことなんですね。

要するに子供がね、親の背中を見て育つと申しますね。親が立派ならばその子供は自然に立派になっていきますね。親がだめなら親の悪い真似ばかりしてね、子供はだめになっていきますね。全て人間はその通りです。親である神の背中を見て生活している、愛である神の通りに愛を行う時に、我々は親である神と同じような神になるんです。それが幸福なんです。

ですから我々の中にある宝石を磨いて幸福になる方法は、神の真似をすること、愛と献身を行うことですね。それによって神になる。神様は我々に一つずつ神の分身である宝石を、スピリット、魂という宝石をお入れになって、どうか磨いて私のように幸福になりなさいよ。磨く方法は私と同じ、太陽と同じ愛ですよ、真似してなりなさいよ。で、最後は私のようにもう全てかなわぬことのない無上の幸福におなりなさいよ。というふうにいって宇宙を今支配しておられます。

言うことを聞かずに、私の真似をせずに奪ったり、憎んだりする者は因果の理法によって苦しみますよ、消えませんよこれは、あの世に行っても消えないし、また繰り返し生まれてきて、もう一遍それを背負って苦しまなければいけませんよ。そんな真似をしちゃあいけないよ。それは間違いなんだよ。間違った真似をしちゃあいけないよ。愛の真似をしなさいよ、愛の真似をしない人は、奪ったり憎んだりする人は、苦しみに陥って、その痛みによって、それが間違いだということがわかって、それによってようやく気がついて立ち直って、前の罪をあらためて、私である神と同じ愛の行いができるように、そのために因果の理法があるんです。我々の中に一粒の幸福の至玉を置きたもうて、それを自分たちで人間が気付いて、磨いて、神の真似をして、一人一人が神の至福の状況に入るように、神は因果の理法を定め、そうして自分の真似をしなさいと、こう言ってこの宇宙を支配しておいでになるわけですね。宮沢賢治はまさにそういうことを見たんじゃないかと私は思っております。

今、地球の変わり目

さて、皆さんどうお取りになったか知りませんけども、今は大変な時代に入ってきておりますね。何が大変かといいますとね、皆さんは五千年の人類の歴史、本当はもっともっと長いんですけどね、五千年のエジプト以来の人類の歴史の中で、かつてないほどのすごい時代に生きておいでになるんです。それはもうお聞きになったらびっくりする、五千年間誰もこういう時代に生きていなかった、もう素晴らしいと言いますか、あるいは凄まじいと言いますか、すごい時代に生きている。これはどういうことかと言うと、今人間の世界がグーッと手のひらをかえしたように大転換をしようとしている。

それはどういうことかと言うと、今までの五千年間の間人類はですね、幸福の原理は自己中心で生きること、自分のために幸福を図ることが幸福になる原理だと思ってきたんです。そのために、それが不幸の原理だから不幸になってきたんですけどね。それが間違いだということがようやくわかってきましてね、人類が本当の幸福の原理を知る時が来たんです。教えられる時が来たんです。要するに愛と奉仕、自己中心と反対ですね。利他と申します。人を利する利他、献身、奉仕こそが幸福の原理だということがわかって、少数の人だけじゃなくて、大部分の人が人生の生き方としていく、そういう時代へ転換していこうとしています。今転換のちょうど分かれ目の所へ来ています、これは五千年以来の大転換なんです。

で、なぜ私がこんなことを言いますかというとね。実は我々の目は節穴で物質しか見えませんけどね、見えない世界で大きな働きかけがこの地上世界に行われているんです。神であるとか、高級な霊であるとか言っておきましょうか。天使だとか色々な言葉で言えます。そういう世界がありましてね、この我々の世界を動かしている大きな霊的なエネルギーの世界がございまして、そこからの力が地上に今ものすごく大きな力でかかって来ているんです。

人間のものの考え方を転換させようという運動が行われているんです。これはものの考え方だけじゃなくてね、社会の制度、経済の制度、教育の制度、いろんな制度の上でも手のひらを返した転換をさせようとしているんです。なぜこの頃ボランティアにドンドン若い人が行くようになったかというとね。それは若い人には変な人もいっぱいいますけど、でもボランティアさかんですねえ、昔はこんなことなかったですよ。なぜ日本の国が年に一兆円ちかくのお金を出して、海外経済援助、外国にお金を貸したりね、あげたりするんでしょうか。あんなこと戦前はなかったんですよ。日本だけじゃなく世界中の国がそういうことをやっておりますよ。まあ例をあげるとキリがありませんがね。愛ということが政治の上にもあらわれて来ているんですよ、個人の生活の上にも表れて来ている。こんなことは今までなかったことなんです。これは大きな世界から人間に対する働きかけが、そういう形で一つは表れている、というわけでね今大転換の状況になって来ているんです。

どうか皆様も早くこの地上転換の動きに気付かれて、もう鋭敏な方は気付いておられます、気付かれて人間の生きる方針、原理を自己中心から奉仕へ、愛へお変えになっていただきたい。すなわち不幸の原理から本当の幸福の原理へとお変えになって頂きたい。そうしないと、二十一世紀になるとそういう時代にズーッとはいっていきますからね、バスに乗り遅れますよ。本当にバスに乗り遅れますよ、世の中目まぐるしく変わってきますよ、という状況です。

むすび

で、宮沢賢治という方は、その時代の動きをいち早く敏感に感じ取って、それを作品に書き、また実践していったのです。この人は作品書いただけじゃないですよ。農民と一緒になってもう自己献身のものすごい生活をしてきたんですね。そのために命を失っていくんですけどね。ただ、死ぬ時は心だけはすごく幸福な状況の中で死んでいきますけどね。宮沢賢治はだから人類のその動きに、先がけた天才といえます。あるいは先覚者といえます。これはキリストとかお釈迦さんとかと同じような一つの指導者であったと言うことができます。

で、現在の状況の中では、そういう人々があちらにもこちらにも沢山出て来ております。私なんかもシルバー・バーチの本を読んでみたり、会を作ったりしてやっておりますけども、まあそういう流れの中の一つですね。私なんかは一番走り使いのね、一番下っ端でございますけども。流れがございまして、世界的な。そういう動きがあるのだということをどうか知って、由々しき時代に皆さん生きておいでになり、その転換の時にあたっていち早く人間の生きる生き方を先取りして、お変えになって、本当の幸せになって頂きたいなあと思います。どうもうまく話せなかったと思いますけども、ではこれで終わらせて頂きます、どうもご静聴ありがとうございました。

第三話　霊を見ない者は幸福にならない（前半）

宮沢賢治の作品の素晴らしさ

皆さんどうも、二度目の話をさせて頂いてうれしく思います。早速、話を始めましょうか。先月の話の続きをしたいと思います。先月何の話をしたかというと、宮沢賢治の話をしたんです。「銀河鉄道の夜」の話をいたしまして、それを簡単に申しますと、なぜ宮沢賢治の詩だとか童話がすばらしいのかと申しますと、その秘密は賢治は物質世界だけでなくて、彼に言わせると「第四次元世界」、私たちから言うと「死後の世界」を見る霊能力を持っていたこと、これは私の見方なんですよ。であるので彼は私たちの目には見えない高次元の、はっきり言うと高いあの世の風景だとか、あるいはそこにある原理とかを見ることが、とらえることができまして、それを詩や童話の中に映し出すことができた。それは我々凡人では見えない、見ることができない世界ですね。ですから非常に新鮮さがありましてびっくりする。実際に、あの世、他界と言うのは、色々ございますけれども、非常に美しい世界、素晴らしい世界が限りなくございます。そういうものの一部を見てきて、とらえて書いてくれましたので非常に新鮮さと美しさと驚きがあると、こういうことですね。

それから大事なことは、ただ向こうの風景を映し出しているだけじゃなくて、その中にある原理、原理といいますと、実はあの世もこの世も実際は一つにつながった世界でございましてね。そこには宇宙を動かしている法則、またそれは我々の人間生活を動かしている法則（同じものですけど）があるんですね。物質ばかりを見ている我々は、そういうものは目が節穴になっておりまして、見えないんです。賢治のような、そういう能力のある方は、他界の姿、四次元の姿を見ることによって、そこに流れている宇宙の法則、人生を動かしている法則、そういうものを見てとることができた。それを特に「銀河鉄道の夜」では、はっきりとテーマにして、構成して書いているんですね。そこに「銀河鉄道の夜」の、非常にスケールの大きい、壮大な姿が出てくるわけですね。

そのことを私、話したんです、そのことを書いた本がやっとでましてね、これがそうです（注・洋々社刊　一九八七年版の「宮沢賢治」を手に持って示す）。「宮沢賢治、第七集」、これは年間一冊しかでない特別の雑誌なんです。今年は「銀河鉄道の夜の再考」の特集号となっております。この中に私も寄稿しまして書いております。「異次元世界を描写して見せた、銀河鉄道の夜」という題で。限られた枚数ですから、断片的にしか書けませんでしたけども、この中に事情を書いてございます。要するに賢治が「銀河鉄道の夜」で見たものは、宇宙の根本的な真理である。それは何かといいますと、仏教的な表現で言いますと「色即是空、空即是色」である、空《くう》と言うのは、宇宙の中にある根本原理ですね、それは目に見えないんですけども、それはまた、形をとることもできる。その形がこういう、テーブルであり、木であり、空であり、我々であり、だから空《くう》なるものは色《しき》、すなわち物質でもあるわけです。物質であるものの原理は、源は、空《くう》でもあるというのです。ですから空は即ち色、色は即ち空、「色即是空、空即是色」です。これは、般若心経の根本をなしている原理でありますす仏教の根本原理です。それを、賢治はあの世の世界を見ることによってつかみ取りまして、そしてそれを「銀河鉄道の夜」の中に、具体的な構成を持って描き出しているわけです。

賢治の本当の幸福

それから、もう一つ、賢治が見いだしたものは、それじゃあ、そういう深い真実の宇宙だとするならば、また、その真実の上に根ざしている、この現実の世界であるとするならば、そこに流れている人間の正しい生き方、それは何だろうということを、そこをつかみ取ってきているんですね。彼は本当の幸いとは何か、本当の幸福とは何か、ということで追求しています。「銀河鉄道の夜」の中を一本走る銀河鉄道というのは、本当の幸いを目指して上へ上へと、のぼっていく列車なんですね。私はそういうとらえ方をしました。そして賢治のとらえた本当の幸せの原理とは何か、これが結論なんですけども、そこが肝腎なんですね。本当の幸福とは何か、彼の言葉で言うと「自己犠牲の献身」ですね、自分を捨てて相手に奉仕する「自己犠牲の献身」これが本当の原理だ。彼の別の表現で申しますと「世界がぜんたい幸福にならないうちは個人の幸福はあり得ない」の有名な言葉ですね、これは世俗の幸福論とまったく反対です。世俗の幸福論は、自分のためにいろいろと考えたり図ったりしなければ幸福になれない。要するに自己中心主義が世俗の幸福論でございますが、彼はそうではなくて自分を捨てて相手に奉仕すること、世の中に奉仕することが自分が幸福になる原理だと。自分が幸福になるのは人と一緒に幸福になるのだと。人と一緒に幸福にならなければ自分は幸福になれないんだと。自分一人先に幸福になろうとしたって宇宙の法則として不可能なんだと、人を先に幸福にすると初めて自分は幸福になれるんだ。これが彼の結論であります。結論というよりか彼が宇宙の中でとらえた原理だったんですね。

これは賢治だけでなく、すでに昔の偉い聖人、賢人が皆とらえています。キリストはこれを「愛、隣人愛」といっておりますし、お釈迦様はこれを「慈悲」という言葉でいっております。あるいは「菩薩行」という言葉で申しております。孔子はこれを「仁」というふうな言葉で、あるいは孔子と同じころの中国の賢者で、墨子という人はこれを「兼愛」（博愛という意味ですね）という言葉でいっています。皆、世の賢者は、同じものをとらえているんですが、賢治は、やっぱりこれをとらえていた。なぜとらえていたかというと、我々には見えないこの世の奥、異次元世界、四次元世界、すなわち、我々に言わすと、他界の姿ですね、これを見ることができたからだと、これが私の考え方でございます。

そこで私がこの前いいました結論は何かと申しますと、このように宇宙の根本の原理を知るためには、言い換えると本当の幸福の原理を知るためには、霊的なものが見えなければ、わからないんですよ。本当のそういう真理はわからないんですよ。幸福の原理もわからないんですよ。そういうことが言いたかったんです。そこで今は二度目にお話をお聞きになっておいでの方は、多少そういうことに、霊についての関心を持って頂いていると思う次第です。で、私はそういう意味で、今日も同じような主旨でお話をしたいと思ってます。要するに、霊のことがわからなければ人間は幸福にはなりません、なれませんということを話したいと思います。

霊を見る目

さて、今申しましたように、賢治のとらえた本当の幸福の原理とは、自己犠牲の奉仕ですね、愛でした。要するに自分を捨てて人に奉仕をする、言い換えると、人に親切をすること、自分一人のために祈らないということ、人のために祈るということですね。皆さんはどうお考えになりますか？　そうだと思われますかな？　多少は、やっぱり「そうかな」と思われたから今日は話を聞きに来られたんだと思うんですけど。中には「そうかもしれないな、もうちょっと話を聞いてみようか」と、そういう方もおいででしょう。それでも結構なんですけどね。しかし中には「その通りだろう、だけど実行しようったってなかなか出来ないよ。実際現実の生活で、難しくってなかなか実行出来ないよ」と思われた方もおいででしょう。そして、「じゃあやっぱり私、幸せになれないのかしら……」と。賢治の筆法でいくとそうなりますね。

しかし、この宇宙の根本の原理、皆さん必ず「そうだ」と思って下さるんですよ、そして実行しようと思って下さるんですよ、そして実行出来るんですよ、そして必ず幸せになれるんですよ。ただ条件がありますね、何かというと賢治のように霊と言いますか、あの世と言いますか、四次元世界を見る目を持つことです。「そんなこと、至難事でとてもじゃない、物質だって良く見えないのに何であの世が見えますか、霊魂なんて見たくないよ」なんて言う方もいらっしゃるかもしれませんね。しかし、それは皆見えるようになるんですよハートでね。魂で見えるようになるんです。これが見えなければ、わからなければ、言い換えると「その存在があるんだな、これはこういうもんなんだな、確かにあるよ」ということが分からないと、本当の幸福の原理が分からないんです。信じられないんです。ましてや実行出来なくなるんです。そして、みんな必ずこの原理をとらえることが出来るんです。で、賢治が「銀河鉄道の夜」を、それをテーマにああいう風にして書いたり、それから一生かけていろんな童話や詩の中で書いてきてますけど、なぜかというと彼は見えたんですよ、だから彼はそのように生きたんですよ、一生をなげうってそういう風に生きたんですね。だから彼は童話や詩の中にそれを書いただけじゃなく、「世界がぜんたい幸福にならないうちは個人の幸福はあり得ない」それを自分で実践していますす。生活の中で、生涯をかけましてね。そこに素晴らしいものがあったし、であればこそあの作品が生きているんです。偽らない自分を、魂の深底のものがさらけ出されてきて、非常に素晴らしいんですね。賢治は三十七歳でなくなるんですよ、昭和八年だから今（昭和六十二年）から五十四年前の九月二十一日なんですけどね。なぜ亡くなったのかというと胸を悪くして亡くなったんです。

賢治の生活と死

彼は花巻農学校の教師をしていたんですけど大正十五年に辞めまして、そして下根子桜、花巻の郊外ですけどね土地の名前ですね、（彼の実家の別荘があったんですね、お金持ちですから）そこに一人で住みまして百姓をしながら農民の子弟を集めまして、色々なことを指導していったんですよ。これは「羅須地人協会」という名前をつけましてね別荘に、そこに農民の子弟を集めまして農業のことを教えたり一緒に音楽をやったり、色々な精神的なものを教えたりして自分自身は百姓をしながら自活しているんですね。それはもう大変きびしい生活だったらしいですね。どういう生活かというと、彼はこう言ってます、「煙草を吸わず酒も飲まずカカアを持たず」と。これでないと農民の指導者にはなれないんだ、出家したと思って下さいと家人に言ってます。で、お母さんが心配しましてね、時々妹にお弁当を持ってこさせるんですけどね、全部返しておりますね。で、どうしたかというと、冬の花巻って寒いですよ東北で岩手県でしてね、寒中、風呂が無いものですから井戸で体を拭きまして、身も凍ったでしょうね。ご飯は何日分か一緒に炊きましてね。凍ってしまうんです、ご飯が、それを三日位で食べるんでしょうね金槌で割ってね。そういうひどい生活をしてたんです。それで労働をしましてね、それから彼は農業の専門の学校を出ていますから（高等農林と言うんですけども）農民に肥料のやり方やいろんな耕作のし方を教えまして、もう献身的に努力しているんですよ。だから彼はその時誰からも一銭一文の援助も受けず、粗衣粗食ですべてを奉仕してそういう指導にあたってきたんですね。そういうものが結果的にもともと弱かった彼の体を悪くしたのかもわかりません。三年で体を弱くします。その後立ち直りまして一度は会社に勤めまして（肥料の会社で）そこではやっぱり自分の理想を実現しようとしたんですけども、それが余り献身的でありましたんで、また病気になります。そして昭和八年の九月二十一日に亡くなるんですけどね。亡くなる二、三日前、ちょうどあそこの神社のお祭りがございます。その御神輿が通るというので亡くなる前の前の日の夕方にですね、やっと外へ門口にまで出まして御神輿を拝んだんですね。それを見ていました一人の農民がですね、ああ賢治さんもう病気治ったのかな、と思いまして翌日の晩、夕方に肥料をどうやったら良いかと指導を受けに行くんです。賢治は寝てて家人は止めたんですけども彼は起きて、何時間もかけて熱心に指導するんです。ずいぶん家人はこの時、はらはらしていたらしいんですね。死ぬ前の日ですもんね。そういうことがありまして、それが原因でその農民が帰りますと病気が悪化します。そして亡くなっていくんですね。亡くなる時には遺言します。法華経一千部、日本語訳した法華経を一千部を友達に配ってくれと遺言いたしまして、そして「お母さん水をください」と言って水を飲んで「あぁおいしいなあ」と言うんです。それから「お母さん体を拭くから脱脂綿とオキシフルをください」と言って、オキシフルを脱脂綿にふくませて自分の体を拭くんです。そして清めているうちにポタリと綿を手から取り落としたと思ったらそのまま亡くなったんですね。まあこういう風に非常に最後まで美しい献身的な生涯をとげていった。

賢治愛用の書棚

ということは、彼は自分一人のために祈らない、人のために奉仕する、ということを物の本に書いただけでなく、自ら実践をしてしまった、生きた、生き抜いたんですね。そのためにはやく死んだと言えないこともないんですけど、まあ寿命だったんですけどね。であるが故に彼の作品は素晴らしいとともに彼の生涯も実に聖者と言われるように美しいものなんですね。私が森荘已池さんという直木賞作家の所に行って色々話を聞いた時にですね、森さんが大きな古ぼけた本棚を持っているんですね。これを賢治記念館がほしがってしょうがないんですよ。これはかつて賢治愛用の書架でね。森さんはガンとして譲らないんですよ。何故かというと森さんがまだ中学生の頃から賢治はしょっちゅうこの家に来ていたんです。また森さんも羅須地人協会に行ってたんですね、賢治が農民を無料で指導しているころ。そうすると行く度に本が減って行くんだそうですよ。賢治は外国語が良く読めまして、英語とドイツ語が良く読めたらしいんですね。盛岡の高等農林にいた時は教授が賢治に洋書を読ましてその主旨だけを聞いて論文を書いていたという位ですから、早く英語やドイツ語を読めたんです。なかなか頭のいい人で、そこでいっぱい洋書を持っていました。当時の洋書というのは今と違って非常に高いんです。ところが森さんが行く度にどんどん減って行くんです。全部それが自分の生活費だけでなく色々な運動費になって。親から一文も貰ってないし、食べるものもほとんど食べていない状況でとうとう最後に何にもなくなってしまいます。すみっこに農民に教えるためのガリ版で自分が書いたパンフレットだけが残ってしまったんです。そこまで献身奉仕した実情を森さんは見ているんですよ。だからこの書架を絶対に離さない「俺が死んだら寄付するけど俺が生きている間は離さない」と言ってます。まあそれほど献身的な奉仕をして一生を終わったのが賢治でした。

このようになぜ彼がそういう風な献身的な生涯を送ることが出来たのかというと、見えたからです、彼には霊が見えたからです。あの世が見えたからです、そこに流れている宇宙の法則が見えたからです。人間の生きるべき原理が見えたんです。その原理こそは「世界が全体幸福にならないうちは個人の幸福はあり得ない」つまり自分が幸福になることは人を幸せにすることだと、人を幸せにした分だけ、その分だけ初めて人間は誰でも幸福になれるんだとこの原理なんですね。これは原理なんです、宇宙に流れている。それを見てとった。はっきり見たからこれを実践したということなんですね。

幸福と不幸の原理

そこで皆さんにお尋ねしたいのは、それでは皆様はこの原理を実践しておいでになりますか？　ということなんです、本当に胸に手を当てて考えて頂きたいと……。この宇宙に原理がある、それは人に奉仕をした分だけ、親切をした分だけ自分が幸福になるという原理がある、その他に幸福になる原理がないとするならば、あなたがたはどのような生活をしておいでになりますか？　ということなんですね。よくお考えになって頂きたいと思います。これはなかなかねえ、私を初めとして自信持って答えられないんですけど。「そう言われれば人のことを考えるより自分のことばかり考えていた」とか、自分が幸福になるためには自分のためにものを考え自分のために図り自分のためにものを集めようとしたり、自分のために事をしたり自分中心でものを考えたり、ということが随分多いんですよね。それでは幸福になれないんです。どうなるかと言うとそれは不幸になる原理なんです。「自己中心主義」、これは不幸になる原理なんです。もっとひどくなると「利己主義」なんて言いますけどもね、これは確実に不幸になる原理なんです。幸福になる原理は「利他主義」です。人を利する自分より先に親切をしてあげる、これが幸福になる原理だと、これは宇宙に流れる原理であって永遠の昔から未来永劫までビクとも変わらない原理である、ただ人間はこれを知らなかっただけである、昔の人は知っていたんですけどね、最近の人はすっかり見えなくなっちゃったんですよ。私の小学校の先生が、もう十年前に亡くなりましたけどね、女の先生でこんなちっちゃなかわいらしい先生でしたけど、その先生が私が四十代になりまして行きましてもね「桑原君、世のため人のためにつくすんですよ」と、しょっちゅう言われました。いい年になりましても「桑原君、世のため人のためにやるんですよ」それだけしか教えてくれなかった。小学校の時も教えてくれたんですけど、年を取ってからも子供に言うようにそれだけしか言わなかった。昔の先生みんなそうだったんですね。今の先生必ずしもそういう風に言わないでしょうね。世のため人のためよりも「自分を大切にせえ」とか「自主的であれ」とか、せいぜいその辺まででしょうね。ところが昔の人はそういう風に幸福になる原理を知っていたんですよ。その先生だけでなくそれ以外の人もね。

最近は科学技術とか何とかいうのが進んできて、唯物主義的になりまして、霊の存在とか心の働きとか忘れてしまいましてね。物質だけあればいい、物だけあればいい、お金さえあれば幸福になれるんだ、という誤った信仰が行き渡ってしまいましてね。「世のため人のためなんて損することだ」とか「幸福になるためには、自分のために物とお金と色々な物を集めればいいんだ」という風なことになって、まあ近視眼になっちゃったんですね。で最近の人は特に幸福の原理を忘れてしまいまして、逆に自己中心主義の不幸の原理をそうだと思って実践している事がわりあい多いんです。ですから子供の教育とかしつけに対しましてもね、皆さんどうですかな？　果たしてお子さんを幸福にしておいでですかな？　どういう風に教えておられますか、物と心どっちが大切と教えておられますか、少々損をしても心を大切に正しい道を進みなさい、正直でありなさい、嘘をついちゃいけないよ、損をしてもいいんですよと教えておられますかな。もし心よりも物を大切に、心は少々嘘をついてもいいよ、ごまかしてもいいよ、人を傷つけてもいいから物を大事にしなさいと教えてますかな。これは不幸の原理を教えていることです。人間の幸福の源泉は魂にあるわけなんです。霊にあるわけなんです。何となれば魂というのは神の分身でございますからね。神こそはこの世の宝を全部所有するわけで、神の他に誰も所有している人はいないわけであります。その神の一部が我々の魂でございまして、その魂はいまでも神とつながっております。ですから魂を大切にする人が神からの賜物を全部受け取る原理でございまして、魂、心を傷つけて物を大切にせえ、というのは神と自分との縁を切りまして不幸を自分に獲得しようということなんです。まあキリストはこれを「天国は内部にある」とか「神の国は内部にある」といいましたね。これは心を大切にせえ、魂を大切にせえ、物より心ですよといっているのです。

で、キリストは「人はパンのみにて生きるものにあらず」とも言ってますね。これは心を忘れちゃいけないよと教えたんです。例えば玄米食なんかやっていましてもね、これは非常にいいことなんですけどもね、うっかりすると、食事さえいいものを、例えば玄米を食べればいい、添加物の入ってないものを食べればいい、これはいいにきまってますよ。まさしくそうしなければいけないんですよ。しかしそれ以外のことはどうやってもいいんだ、これさえ食べてれば良くなるんだ、心の事は少々あっちでもいいんだ、多少見逃していいんだ、ということになりますとね、これはパンだけで生きてる唯物主義なんです。私はこれを食養唯物主義と呼びますけど、これは不幸になる原理なんです。だから食事のことをおやりになります時もですね、もっと食事よりも大事なものがあるんだ、魂、心というものがあるんだ、これを失ったらどんなにいい食事をしても不幸になる、体も悪くなる、（実際に体も悪くなります）そう考えてやらないといけないんです。

子供のしつけ

ですから日常生活で子供をしつけられる時も、物と心をどちらを大事に指導しておられるか、非常にかんじんなことです。それからですね、世のため人のためにつくせと教えておいでになりますか、それとも自分を中心に大切にせえと教えておられますか。自分を中心にものを考えろとか教えておられますかな。それとも人に親切にしなさい、損をしてもいいから親切にしなさいと教えておられますかな。これがお子さんを幸福にするか不幸にするか、いい子供にするか悪い子供にするか、分かれ目なんです。もうこの頃は子供が万引きをしましたりねえ、いじめをしましたりねえ、暴力をふりまわしたり、もう善悪のけじめがつかなくなっちゃっているんですね。親御さんが子供に善悪のけじめを植えつけなくなっている、これは年とってから植えつけてもだめなんですね。小さい時に良い事と悪い事とピシッとけじめをつけて教えこまなければいけない、これは家庭教育の基本なんですけどね。この頃の親御さんはそういうことをやらずにほったらかしておいて、学校に行ってからそれを教えてくれと先生任せというのが多いんですね。

だから先生困っちゃいましてできませんですね。家庭で善悪のけじめをつけさせなければいけない、でも何が善であり何が悪であるかが親御さんにわからないですね。このけじめは、善悪のけじめは非常に単純なんです。さっき言ったことです、物より心を大切にする、これが善なんです。この逆が悪なんですね。要するに人の事はそっちのけにして自分だけを考えるのが悪なんです、心の事はどうでもいいから物を集めろ大切にしろというのは悪なんです。そしてこの悪を教えこみますとお子様は結局悪い子供になって一生涯不幸になるんです、健康も阻害して生きる前途は真っ暗です。そういうことですね。

人のせいにするな

その他いろんなことありますよ、例えば「何事も人のせいにするな」これは大事なことなんです。何かあるとすぐ人のせいにする環境のせいにする、先生のせいにする、お金のせいにする、何か物のせいにする、親のせいにする。これは不幸の原理なんです。

どんなこと、人から例えば何かされたことがあっても、決して愚痴を言わない、人のせいにしない、これが幸福の原理なんですね。何事も人のせいにしない、どんなことがあっても人のせいにしない、そういう風に教えておられますか。これが非常に大切なことです。なぜかというと、人のせいにしない自己責任ですね人生が万事、この時に初めてお子様は神につながるんです。これが人のせいにする時にその神とのつながりが欠けていくんです。これは霊的な物が見えれば、ハッキリすればそれが原理だとわかるんですね。

明るい面を見る

あるいは皆さんは人の長所をごらんになりますか、それとも短所を見られますかな？人の短所ばかり見ると悪口言ってみたくなるし、色々なうわさをしてみたくなるし、非難してみたくなりますね。長所を見ていると相手が良く見えるし、相手がいい人に思えるし、自分も明るい気持ちになる。要するに、人の短所を見ることばかり、人の悪口を言うことばかり、言い換えると世の中なんでも悪い面ばかりに焦点を当てて見るということをご自分もなさり子供にもしつけますと、そのお子さんはだめになります。もし自分の人生お子さんの人生を良いものにしようと思ったら、すべて明るいものを見ていくようにしないとだめなんです。これは人生をバラ色と申しますか、洋々と開いていく原理です。悲しみ、憂鬱《ゆううつ》、暗い気持ち、絶望、だめなんじゃないか、うまくいかないんじゃないか、私はだめだ、とかそんなことを絶対に思わないこと、考えないこと、口に出さないこと、いい面だけを見て、お子さんがどんなにぐれましてもね、悪くってでもですね、必ずこの子にもいいところはあるんだ、何かあるだろうと、指の先でもいいところがあったらそれをその子全体に拡大して見る、断じて見ている、これはその子を必ず良くする道ですね。ということがございますから、皆さんお子さんをどういう風にしつけておいでになるかですね。もし、私の言いました反対のことをしていますと、お子さんの前途は明るくございません。いい子になりません、運命を良く展開することはできません。私は言いました、いい方にしつけておいでになれば、必ずそのお子さんはすばらしい天分を必ず発揮いたします。なぜそういうことが言えるかといいますとね、霊的なことが見えますとわかりますと、そこに流れている宇宙の根本原則、法というものが分かってきます。その法則に立脚して言うと、人は霊です、神の分身です。これを見失ったら、子供の持つ宝を殺すことになります。だから子供の長所を必ず見てやること。しかしそれだけでは駄目で、その反面、神の子にふさわしいように厳しくしつけること。この二つが法です。まあそういうことですね。それは要するに霊的なものが分からない、見えない、知らない時には出来ないことですね。賢治のようにそれが見えていた者ははっきりとそれを実践し童話や詩にまで書くことができた。ですから霊的なものが、見えるか、分かるか、知っているか、ということが非常に大事なことなんです。ただ実際のところ、私たち普通の人には物質しか分かりませんね、見えませんね、あるのは物質だけだと思っていますね。ところが物質しか無いと思っている人は、本当はあきめくらなんです。これが本当の盲人。肉眼が見えない人が盲人じゃないんです、目が見えなくても霊的なものが分かるなら、その人は目あきです。つまり1・2の視力があっても、霊的なものが分からなければその方こそまさに盲人です。私はそう思います。

なぜかというと宇宙は非常に広大でして、物質の世界というのはほんの一部なんです。

例えば私達はこうやって見ますでしょ。机なら机に光線が反射して戻ってきてその光線が反射するから見ているわけなんですね。ところがこの光というのはいろんな光がございましてね、私達が見ているのはそのほんの一部の可視光線、目に見える光線です。それ以外にもっと波長の長いものでは赤外線があります。それがもっと長くなっていくと熱になっていきます。それから可視光線の上には紫外線があり、これは見えないけど存在しますね。もっと上の微妙な波長になりますとレントゲン線（X光線）、これも必ず存在していますね、見えませんけども。更にもっと微妙な波長になりますと、放射線のガンマ線とか、あるいは宇宙線とか、そういうものがあるんですね。そういった光というのを見ていましても我々が目に見える光というのはほんの一部です。その一部の光がこうやってはねかえっている世界を見ているんです。要するに物質世界というのは宇宙にある光の一部分だけを反射している世界だということです。宇宙にはもっとたくさんの光線がたくさんあって、その我々の目には見えない光線が何かに反射して存在している世界がある。それは賢治に言わせると四次元世界ですけどね。あるいは五次元世界、六次元世界とあるでしょうけどね。要するに我々の見えている世界、物質世界の他にもっと高級の光を反射して、そして存在する世界があるんです。そこにはこういう机もあります、家もあります、木もある、空もある、小鳥もいる、花もある、人もちゃんといる、ただしこの物質世界よりずっと高級で美しい世界ですけどね。

いろいろある死後の世界

皆さん、皆さんがもしあの世にいらっしゃいますと姿が美しくなるんです、それはいい世界に行かれた時のことですがね。普通の人はちょっとだけいい世界にいきます。ちょっとだけいい世界とはどんな世界かと言いますと、普通の人ですね、ごく普通の善人、まあまあの人、悪い人じゃない、まあまあいい人と言われる人はね、ちょうどハワイやグアムやあの程度の輝きを持った世界へ行きます。だから我々日本より明るい世界ですね。十パーセントぐらい明るい世界です。そこをサマーランド（常夏の国）と呼びます。そこは光り輝いて、そして花や木ももっと美しいです。この地上に無いいろんな色彩を持った木があり、花があり、水も透き通っており、小鳥も色々な小鳥がいるし、まあいろんなものがありますね。で、ちゃんと人間もいる、変わりないんですね。それはあの世のごくごく普通のところです、その上に無限にいい世界が、階層が何千とございます、数で数えられませんですけどね。もちろんその下にいわゆる地獄と言われる世界がございますがね。そこ行っちゃあおしまいですけどね、まあいろんなことがございます。このように宇宙には無数に世界がございまして、その中のほんの一部を我々は見ているにすぎないんですね。そしてその物質世界だけをあるよあるよ、それ以外はないんだないんだと言ってるわけです。まさに広大な宇宙からしますと盲人に等しいのが我々ですね。

人は唯物主義者

しかも、それだけで物事判断しているんですね。あるものは物だけじゃないのに、物だけがあると思って。だからあるものは物だけだお金だけだと思うから、物とお金を集めれば幸せになるんじゃないの、どんな無理してもお金が入るためにいい学校に入ればいいんじゃないの、いい学校に入るんなら少々どんなことやったっていいんじゃないの、裏口入学したっていいんじゃないの、何したって無理したっていいんじゃないの、子供の教育費のためなら無理をして家をあけて働きに行ったっていいんじゃないの、ということになってきますね、物だけを信奉していますと。しかし、そういうことがみな自分の魂をけがし、子供の魂を痛め、そして逆に不幸にしていくことになるんですね。ということがございまして、まあこれを唯物主義と言いますけどね。人間は残念ながらこの物質しか見えないために目先まっくらで、目が見えないのであって、そのために宇宙を見えない世界と見える世界と両方貫いて流れている幸福の原理というものを見落としてしまっているんですね。こういうわけで、霊的なものが見えないと本当の幸福の原理というものはわからないんですね。ですから霊的なものを見るというのは非常に大事なことなんです。

そこで、物質しか見えないとなぜ幸福の原理はわからないかということについて少しお話しします。幸福の原理は先に申しましたように人に親切をすること、親切をした分だけ幸福になるんです。反対に自己中心の分だけ不幸になるんですね。ものすごいエゴだとものすごいその分不幸になりますね。何でそうなるのか？　こうなんですよ、我々は常に裁きを受けております。もっと言うと我々は二度裁きを受けるんです。生きている間と死んでからと二度裁きを受けます。

死後の裁き

どういう裁きかと言いますと、一つは死にますとね、死にますと必ず全員が裁きを受けます。受けない人一人もいません。それを昔の迷信的な俗説によりますと、死ぬと閻魔様がいて、そこで閻魔様の取り調べを受けて、嘘をついていると舌を抜かれて地獄に落とされる。悪い事をしてない人は極楽に入れられるというような、これは俗説でございまして、迷信であると今日では否定されておりますけど、あの中に真理があるんです。いろんな誤ったものがくっついておりますけど。死にますとね、我々は全員裁きを受けます。冥府という所に行きます、閻魔様はおりませんけどね。そこでどういうことになるかというと、自分が一生行った生活が全部目の前に見えてくるんです。走馬灯のように。どういう風に見えるかと言うとテレビと同じですね。もっと大きな画面ですけど、ズーッと大きな舞台のようなテレビ画面に、やった事がズーッと生まれてから死ぬまで出てくるんです。もう隠しようなく全部出てくるんです。その時しゃべったこと、それだけじゃなくってしゃべらなかったこと、腹の中におさめてね、人の悪口言ってたり、人に親切しようなんて言いながら腹の中で逆のこと考えていたり、それが全部声になって音になって出てくるんです。心の中のものがアケスケになって全部、言葉になって出てくるんですよ、たまったものじゃない。

で、この世では偉い人というのは建前と本音と別にしましてね、建前のうまい人が立身出世したり世渡りが上手な人と思われているでしょ。あの世に行くと通用しないんです。全部本音が出てきちゃうんです。で、見ているのは誰かというと閻魔様はいませんけど、もちろん自分は見ているけど、自分を指導してくれる霊魂、偉い霊もいましてね、そして友達などすでに死んだ霊魂が来て一緒に見ているんです。嘘をつけない。そこで、あーしまったーと思いまして、赤面しまして、いたたまれなくなるんですね、悪い事をした人は。で、どうするかというと隠れてしまうんです。どこへ隠れるかというと暗い所へ。暗い所というよりか地獄と言いますけどね、暗い所へ行っちゃうんです。要するにあの世と言いますとね、肉体がなくなりますとね、心が全て丸出しになって思ったことが全て表現されてしまうんです。そういう世界なんです。心の世界なんですね。肉体のような体はあるんですよ、肉体ではないんですけどね、山もあれば川もあるんですよ、だけど思っていることが全て分かるしかけになっている世界なんですね。ですからあの世へ行きますと過去の一生の出来事が隠せないだけでなく、現在の自分の気持ちもすぐ相手に分かっちゃうんです。そういう世界なんです。ですから過去に悪い生活をした人はもう恥ずかしくなって、おれなくなって暗い所に行く。すなわち同じように悪い事をした、あまりいい考えを持っていない同類達がいる所へ行くんです。そこを地獄と言うんですけどね、そういう所に集まっちゃうんですね。もう人を蹴っとばしてもいいから金儲けばかりしている人は、そういう連中ばかり集まる所へね。それから人の悪口ばかり言って喧嘩ばかりしている人は、そういう喧嘩ばかりしている人の所へ。まあそういうのを我々は地獄といいますけどね。地獄はみずからが作っているんですね。

こういう風にあの世では全てがアケスケになりまして、前世の事も全部裁かれてしまう、そして閻魔様がいてお前いい事をしたから天国だ悪い事をしたから地獄に行けと言うのじゃあございませんで、前生が全て明らかになって心が全てアケスケになるから、みずから私はこの辺に行こうと言って暗い地獄へ行ったり、ある人はいい事ばかりして同じような仲間がいる高級な世界に、上級な世界に入ったりして行くしかけになっております。

死ぬ時に一生がわかる

実は、私はいっぺん死にかけましてね、あの世には行かなかったんですけどね、あの世に行く一歩手前に行ったことがございます。唇にアザがありまして、それを取ろうと思って唇に麻酔注射をしたんです。それが麻酔ショックと言うのでしょうか。全身がものすごくしびれてきましてね、ものがしゃべれなくなって、息はもうほとんど、心臓止まりかけましてね。私、もう死んだなと思いまして。九十九パーセント「ああここで死ぬんだなあ」と思いました。すると自分のやった一生の事がウァーッと分かっちゃったんです。私のはまだテレビのようには、まだあの世には行ってないから何と言うんですかね、こう本をパラパラ繰りますでしょ、その一ページごとに私の生まれてから死ぬまでの出来事全部書いてあるんですね。「あー私はこんなことして来たんか」そうするとね、いい事をたいしてしていないんですね……やれやれと思って。ところがね、幸いなことに悪い事はあんまりしていなかったみたいですね。要するに、ごくごく平凡な人間だったらしく良い事もないが悪い事もない、まあ悪い事もしていないから、まあまあこのへんでしょうい事もしていなかったけど、そこで私ね「あーそうか死ぬのか。たいして良がないな、年貢の納め時なんじゃないか」と本当にそう思いました。まあしょうがない、死のうと。でも周りが大騒ぎをして注射をしたり酸素吸入をしたりで、何とか蘇生したんですけどね。で、とにかくその時に私ね、死ぬ時は一生が分かるんだと、そうだと思いましたね。私はまだあの世に行ってないからテレビドラマじゃありませんでしたけど、これで分かりましたよ、全部分かりましたよ、時間にして一分位でしょうね。一分位で一生の事全部分かりましたよ。何をしてどれをして……全部、不思議なもんですね。だから死んだらこうだと心霊研究で言ってますけど、その通りだと私は確信しております。

このように、人間は死にますと必ず一度裁きを受けます。簡単に言いますと、良い事をした人は良い世界に入る、悪い事をした人は悪い世界に入る。だから昔の宗教でこう申しました。後生がいいために、死んでから後がいいためには現世で良い事をしなさいよ。悪い事をしますと地獄に落ちますよ。あの世に行って幸せになるためにはいい事をしなさいよと。こうやって随分教えたものですね。で昔の人は善男善女でございますから、なるほどそうかあの世は長いそうだから幸福になるためには、人にいい事をしておこうか、人に親切をしようかと思ったものです。

ところがこの頃はそんなこと言ったって通用しないですね。冗談言っちゃいけないよ、あの世なんてある訳ないよ。人生八十年でしょ、その間幸福ならいいんだから。この世で幸福になるためには子供ならばいい大学に入っていい所に就職するとか、いろんなことやってかせいでお金集めてレジャーに行くとか、お金のためなら物のためなら何をやってもいいんじゃないの？　心がけを良くするとかしないとか。後生がいいとか関係ないいんじゃないの？　通用しなくなっちゃったんですね。

因果律（カルマの法）

ところがこれが誤りでございまして、我々は今、毎日生きながら裁きを受けています。これに気が付かないんです霊魂が見えないためにね。どういう裁きかといいますと、日に日に裁かれているんです、こうやっている間も裁かれているんです。ごく簡単に申しますと、人に親切をした者はその分だけ現実の生活において幸福になるんです。人に不親切、要するにエゴな行為、そういうことをした人はその分だけ現実の生活で結果として不幸が出てくるんです、災いが出てくるんです。これは厳然とした法則でして、因果律という法則でございましてね。仏教的に言いますとカルマの法と申します。業《ごう》ですね、業《ごう》。つまり因果律というものがございまして、この世もあの世も通じて厳然と存在する法です。言い換えますと、神様というものがあるとすれば、神はこの因果律という法そのものではないかと思えるほどにですね、宇宙の全てを動かしております。さっき「死んだら裁きがあるんですよ、いい事をしたら良い世界に行き、悪い事をしたら悪い世界に行くんですよ」と言いましたが、これはカルマの法ですね。因果律でございますね。で、他界、死んでから先の世界が因果律によって決まるだけでなく、現実の我々の日常生活の幸福と不幸がですね、実はこの因果律で決まっているんです。要するに宮沢賢治の幸福の原理というものが厳然として働いているんです。因果律として働いているんです。要するに一人のために祈らず人のために親切をする奉仕をする、その分だけ結果的にその人の人生に幸福な形、物として現れてくる、それがどのような形で出てくるか、それは人によって違いますよ。例えば健康になったりですね、あるいは家庭の中がうまくいったりですね、事業がうまくいったりですね、あるいはその人が立身出世したりですね、あるいはその人が芸術家ならその芸術方面でうまくいったりですね、あるいは対人関係がうまくいったりですね、あるいは事故にあって死ぬ所を死なずにすんだりですね、あるいはお子さんがうまくすくすくと成長していったりですね、まあその人の状況によって違いますけども、その人の行う行為によってその人の現実生活にはっきりと結果が出てきます。それはいつ出るか、今日やって明日出るとは限りません、それは今日やったことが今日出ることもあるし、明日出ることもあるし、三日後出ることもあるし、三年後に出ることもあるし、十年後出ることもあるし、または全く出ずにあの世に行ってから出ることもあるし、また再生した次の人生で出ることもあります。これはカルマによって違うんですね、しかし必ず出てきます。言い換えますと、私たちは今こうやって生活していまして、幸福だとか不幸だとか言ってますでしょ、これは全部私達がまいた種です。この世に生まれて行なった良い行い悪い行いの結果によって出てきたことです。

それからもう一つ前世というのがございましてね、この生まれて来るもっと前の生がいくつもあるんです。そんなのあるかと思う方もおりましょうが、ちょっとお聞き下さい。前世の中で行った行為の結果もこの世の中に現れて来るものがあります。これをカルマ、業《ごう》といいます。もちろん良い種もございますし悪い種も両方あるんですね。だから「あの人はいい人なのにどうも不幸だ」とか、これは前世のカルマの場合があるんですね。「この人ろくでもないのに結構いい生活しているじゃないの」て言うのは前世の良いカルマの場合もございます。ただし一見その人が幸福そうに見えても必ずしも幸福とは限らないんですよ。お金持ちで、外車なんか乗って、とんとん拍子で出世したりね、だから幸福かなあ何て思うと他の方で不幸がいっぱいある方いますからね。夫婦の仲がうまくいかないとかね、子供がどうもだめだとかね、そうじゃなくて他のことでなんか言うに言えない苦しみがあったりね、あるいはどこか病気があったりね。ですから外見から見ただけでは幸福か不幸かわからないんです。

人生の出来事の裏に霊魂の働きあり

しかしこの世の現実的な幸福とか不幸とかの原因は全部自分が過去にまいた種の結果なのです。ごく簡単に言うと奉仕をすると幸福になる、自分勝手なことをすると不幸になる。なぜそうかというと霊魂の働きを見るとすぐ分かっちゃうんです。今日は時間がないのでそこまで申しませんけど、ヒントだけ申しておきます。我々は肉体がなくなると、あの世に行って生きている訳です。つまりあの世の世界があるわけです。あの世は無限の神まで成長進歩して行く世界ですから、色々な階層がございます。で進歩向上して行く訳ですけども、死んだ霊魂というものは、仏教で言う蓮の台《うてな》に座っているわけじゃないんです。キリスト教の言うように最後の審判のラッパが鳴るまでどこかでぼやっとしているんじゃないんです。何してるかというと行くべき世界に行きます、裁きを受けて行きます。それは遠くに行くのではなく、我々のそばにいるんです。距離も時間もない世界ですからね。時間、空間を超越した所ですから我々のそばにいるのと同じことです。簡単に言いますと、死んで霊魂になった人は我々とすぐに心と心で波長関係で通じあっているんです。我々はそれに気が付いていませんけど我々の心にものすごく影響を与えているんですね。例えば今日ここに来てみたくなって、おいでになりましたね、皆さんこれは自分の意思でおいでになったんです。都合もついたからおいでになったんです。だけどこれはね、霊的に見ますとね、完全にあなた一人、個人でおいでになったんではなく、あなたに行きたい気持ちにさせたものがいるんです。行きなさいよ今日は話を聞きなさいよと。それから、今日は行けそうにない状況だったけどうまい状況が出来て来れるようになった方も、そういう状況を客観的に作ってくれた方がいるんです。人というか霊的なものですけどね。逆に来れるべきだったんだけど来れなくなった方、来たいと思ったけど来れなくなった方、それは行かしてくれないあるものが働いていたということなんです。ということは、死んだ人はあの世に行ってボヤッとしているのではなくて、場合によっては今の人間にいくらでも働きかけるのです。それは我々の心に働きかけて、それが人間の方ではあたかも自分の気持ちであるとか、自分の思想であるとか、自分が考えたように思っちゃうんですね。まあチャンスがあったらそういうこと詳しくお話しすることもございましょうけども。だから結局こういうことです。人に奉仕をするでしょ、愛するでしょ、良い心を発揮するでしょ、するとそれと同じような霊がいましてその人に良いささやきを与えてくれる、あっちへ行きなさいと。行くとなんかいい人に会っちゃった、その人の手づるでなんか道が開けちゃったとか、こっちへ行ってこうしなさい、こういう話を聞いてあーいい話聞いちゃった、あー目が覚めた、ということがあります。万事がそうなんです。逆に今度はエゴで悪い気持ちを持ちますと、反対に低級な霊魂がございまして、地獄の亡者のような霊魂がございましてあなたに悪いささやきをかけてきます。どこへ行きなさいよ何をしなさいよ、とか。あるいはむしゃくしゃ気持ちを起こさせて喧嘩をさせたりいろんなことをするんですね。

このように霊魂の働きというのがありますので自分の心は大事なんですよ。要するに良い心を持ちますとよい霊が働いてよい幸福が結果的に出てくる。悪い心を持ちますと悪い霊が働いて悪い結果が現実生活に必ず出てくる。ここに働いているのが因果の理法ですね。良い心を持てば結果的に良い事が起きて、悪い心を持てば悪い結果が出る。因果の理法ですね。言い換えると、我々の日常生活の幸不幸というものは全部自分が原因を作り出している、ですから我々は生きながらに裁きを受けているんです。現在我々がここにいることは裁きです、良い裁きか悪い裁きかは自分で考えてみれば分かるんですけど。全部自分のやってきた行為、思い、言葉、現実となってこうやって出てきているんです。結局いかに人間の心というものが大事なものか、人に親切をするというのはどんなに大事なものか、エゴがどんなに自分を不幸にするかということを知らねばなりません。これはこの天地に因果律というものがありまして寸分狂いなく働いていて、その因果律の原因をなすのは自分の心だけなんだと、ものより心を大切にすること、自分を捨てても人に奉仕をすること、人に頼らずにやる気を持つということ、暗いものを見ずに明るいものだけを見ていくこと、そういうことが結果的に現実となって自分の生活を良いものに変化させていく原因なんだ、そういう法則があるんだ。その法則を働かせるために霊魂の作用というものがあるんだ。霊魂があるっていうのはただ単に幽霊が出るということではありません、お岩さんだとか何だとかが「うらめしやー」と出る幽霊の問題ではありません。本当の霊魂の問題というのは全部我々の日常の問題と不可欠で、かみ合ってるんですね。

こういう訳でございますので、霊を知る、霊の存在を知る、あるいは他界というものはある。物質のほかに霊的なものの存在がある、それを知りこれに目覚める、ということが自分の人生を良く展開させる、あるいはお子さんの人生を良く展開させていく、あるいは自分の家庭を良く展開させていく、自分の事業を良く展開させていく、大にしては日本を良く展開させていく、この人類を良く展開させていく、そのためにはどうしても霊の存在を知らないとできませんね。

不断の学習が必要

すると、こうして話を聞いて下さる中に「あーそうか、霊はあるんだな、霊の働きはあるんだろうな、それじゃあ親切をしないといけないな」と思ってくれる方いるかもしれません。しかし、すぐ忘れるんです。いろんなことがありましてね、この日常生活は、忘れるしかけになっているんです。つまらないことがいっぱいありますからね。子供がおなか痛くしたとか、ほらもう、すぐ忘れますね。旦那が遅く帰って来て酔っ払っちゃってたとか、もうすぐガミガミしちゃいますね。お隣の奥さんが悪口言ったとか何とかで、すぐに奉仕だとか愛とか忘れちゃいますよ。もうそのことに夢中になってしまいまして、すぐ魂を汚すことばかりに、この世の中はそういう仕掛けになっているんです。試練の世界でございますんでね。ですから、なまじっか話を聞いて「ああそうか霊があるのか、そうか分かったよ」とやっていると実行出来なくなる、いつか忘れてしまいます。ですから、そういうものがあるのかと思ったら、もう少し知識を深めていく、もっと深く分かるようになっていく。すると魂の深奥で分かるようになっていき、忘れない、そして実行出来るようになる。言い換えるとそれで幸福の道が開けて行く、そういうことになるわけですから、だからどうか関心のある方はご勉強なさって下さい、私はそのことが言いたくて今日は来たのです。

このままだと世界は滅ぶ

そこでもう少しお話ししますけど、実はこの人類の世界を見ていますと、宮沢賢治の言った幸福の原理を今の人類はころりと忘れていますね。要するに自己中心主義、悪く言いますとエゴ、利己主義が人間の幸福の道であるかのように、そう思ったり行動したりしております。すなわち今人類は不幸になる道を我知らず、積極的にとっている訳なんです。ですから子供も悪くなっていくし、核戦争も起きそうになるし、公害も起こっていく、またお金のためなら色々な食品に添加物を平気で混ぜるし、その他、いろんなことで世界は悪くなっていく。その根本は人間のエゴです。それが原因で、つまり世界は唯物主義のおかげで世界も悪くなるし、人類も不幸の方に走って行っています。まあ破滅しますねこのまま行くと。このへんで止まらなければ個人の生活も悪くなり、子供たちも悪くなり、家庭も離婚が増えてね、家庭も破壊されていくという状況になっているんです。

近代心霊研究の発生

そこでね、このままだとだめだから人間にもういっぺん幸福の原理を知ってもらわないと大変なことになる、地球そのものが破壊されてしまうということで、人間にもう一度幸福の原理を教えこむ運動が始まったのです。どこで始まったかというと天の上で。我々はそれを神霊界（神様や高級霊の世界）と申しますけども、そこから始まったのです。それはどういう運動かというと、「霊というものがあるんですよ、人間死んでも霊なんですよ、霊は働いているんですよ、で、この霊というものが分からないと本当の幸福の原理というのは分からないんですよ。で、霊が分かったら、幸福の原理は親切にすること、つまり愛と奉仕が幸福の原理だと分かるでしょ」ということを、もういっぺん唯物主義の人間に教え込む運動が始まったのです。

これは一八四八年のことです、一四〇年ぐらい前のことです。これが心霊研究の勃発なんです。私が今話しているのはこの心霊研究に基づいて話しているのです。これは科学的な新しい霊魂の研究なんです。昔は霊魂というと迷信であるとか、俗説であるとか、あるいは宗教で何となくあやふやなことを教えているとかいう状況で、正確ではございませんでした。そこで今度こそ正しい霊魂の姿を人類に教えなきゃいけない、そういう運動が神々の世界で、一八四八年から心霊研究という形で勃発したんです。それが今日にいたっており、それを今お話しししているんですね。

フォックス家事件

実はこれは大変な問題で、神霊界で神々が集まって計画を立てまして綿密な計画のもとに運動を開始されたんです。それをごく簡単に申しますと、一八四八年三月三十一日の晩のことです。アメリカのニューヨーク州のハイズヴィルという村がありまして、そこにフォックスさんという親子、夫婦と子供女の子二人で住んでまして、その家で幽霊事件が起こったんです。どういう幽霊事件かというと、何も原因が無いのに窓をコツコツ叩いたり、テーブルをコツコツ叩いたり、もううるさくてしょうがないんですね、そういう事件が起こったのです。これは騒ぐ幽霊と申します。そこであんまりコツコツいうもんだから子供がたわむれに、「お化けさん、私が手を鳴らすから同じ数だけ叩いてごらん」パンパンと叩くと、向こうもパンパンと叩いてくるんです。四回たたくと向こうも四回たたいてくる。びっくりして、それを見てお母さんが質問を始めたんです。「私の子供は何人ある？」そうしたら七回たたいたんです。そこには二人しかいないのですが他に四人いるんです。また、一人は早く死んでいるんですね三歳で。だから全部言い当てた。その次に子供の年を当ててごらんと言うと七人の年を全部当てたんです、数で叩いて。びっくり仰天したんですね。そこでね、近所の人をみんな集めて来て、立ち合いのもとに質問をしたんです、質問をしてイエスなら叩いて合図をしなさい。で、その結果通信文が得られたんです。どういう通信文かというと、「私はこの家で五年前に殺された人間です、名前はチャールス・ロスナという行商人です。前に住んでいた人が私を殺して地下に埋めました」こういう通信文だったんです。さあ大変なことになりましてね。それで結局どうなったかというと、事実だったんですね、床下を掘りますと骨が出てきます。そのロスナという人はブリキ製の衣類を入れる背負い籠をしょって行商したんですけど、後にその背負い籠も出て来て事実だということがわかりました。これは証明付きの幽霊事件なんですね。だから死んだ人が霊魂となって生きているんだ、生きているからこうやって通信をよこすんだ、現に骨もあった証拠も全部出た、だから死んだ人は生きているんだ、霊魂はあるんだ意志はあるんだということがわかっちゃったんですね。それから心霊研究というのは起こったんですよ。

心霊研究とその神界計画

この心霊研究は、宗教家がやっていたのではありません、科学者がやっていたのです、当時アメリカ、イギリスなど、ヨーロッパの科学者が、みんな第一線のトップの科学者がやっているんです。科学的な方法で、実験室で実験を始めたんです、それが心霊研究です。ですから現在私が話をしておりますのは、科学的な、科学者の研究に基づいて霊魂の存在が証明されている、更に霊魂の働きまでも色々研究されて、それに基づいたお話をしている、これをスピリチュアリズム、心霊主義と言いますけどね、それを今お話をしているのです。

そこでね、最初のフォックス家事件なんですけども、このコンコンという叩音現象は、むこうで霊界で発明されて実施されたのです。『霊訓』という有名な霊の啓示書がありまして、それにちゃんと書いてあります。実はあの叩音は神々（高級霊）が集まりまして相談をして運動を始めることになった、霊魂の存在を知らせる運動を始めることになった。その方法としてフランクリン（フランクリンを知っていますか、アメリカ政治家・

思想家で避雷針を発明した人、今から二百年前の人ですね、彼は死んでその時は霊の世界にいたんですけどね）そのフランクリンがこの叩音で通信をするという方法を発想したんです。それをスエーデンボルグが協力をしてこれを使用するよう霊界で働いたのです。そういうことでフォックス家事件でこのフランクリンの発明した叩音現象が使用されたのです。これは実際物理的に音を立てますからモールス信号のトンツートンツーと同じことですね、ですから死んだ人と通信が可能になったんです。以上のように『霊訓』はその内幕を暴露しています。これは神界計画のほんの一端ですけど、そういうふうにあちらでもって通信方法まで綿密に研究され、準備され行われて来たんです。

高級の霊界通信とその目的

さてこうやって、心霊研究によってあの世との交通ができて、霊魂というものがあるとわかってきたんですね。そこで、その通信を受けるのに霊媒というものが必要になってきましてね。ただし霊媒にはピンからキリまであるのですよ。しかしその後霊媒についての研究や、通信方法についての研究が進んで、やがて高級の通信が得られるようになりました。これは啓示と言っていいですね。中継を経ながらですが神からの通信と言っていいですね。それは色々あるんですけども、シルバー・バーチの霊言集、ホワイト・イーグルの霊言集、あるいはアラン・カーデックの霊の書、みんなそうです。神霊界からの高級霊からの啓示です、もう一つステイントン・モーゼスの霊訓というのがございますね、それも有名で、その四冊ぐらいが最高の霊界通信です。

これらは賢治と同じ幸福の原理をもういっぺん人類に正しく教えるためのものです。要するに奉仕が幸福になる唯一の道だということを教えるための神霊界のご計画です。そのために先ず心霊研究を起こさせ、次に霊との通信方法を研究させて、その後に今言った高級霊の、本当の神の啓示を通信させて、人類に幸福の原理を教えていくという、そういう手順を踏んで来たんです。そのおかげでこうして今我々はシルバー・バーチをはじめ色々な神霊界からの啓示を受けています。

これはかつてイエス・キリストが受けて通信したもの、お釈迦様が教えたもの、マホメットが通信したものと本質的には共通のものなんです。何せ出所が、源が一つなのです。実際はあの世ではね、神々の定期的な集会が月に二回行われましてね、神々が集うためにありまして、そこにはシルバー・バーチも行きます、ホワイト・イーグルも行きます、霊訓などの連中もみんな行きます。で、そこでそれぞれ分担をしながら誰がどこでどういう啓示をする、あなたはこういう面を受け持つ、と、そういうことをやっているんですね。そしてこのように新しい啓示が伝わって来たんです。要するに釈迦やキリストによって啓示が伝えられてキリスト教や仏教ができました。しかしその後ゆがめられてしまった。キリスト教はまるで反対の教えに変わってしまっている。仏教もいろんな哲学がくっついて何だか訳が分からなくなってしまった。難しくなってしまった。そこでもういっぺん端的に、真理というものは単純なもんです、どんな知能指数の人にも分かるものが本当の真理なのです、神は愛であり公平ですから。そういうことで、その真理をもう一度、純粋に伝えようという運動が起こっているんですね。それが心霊研究であり、皆さんお読みになった、ああいう霊示集なのです。

さて神々はそういう啓示をして何をしようとしているのでしょうか。それはですね、今まさに滅びようとしている地球を生き返らせようとしているのです。それだけではなくて二十一世紀には、今までと手のひらを返したような素晴らしい新時代に人類を進めて行こうという運動をしておいでになるのです。おそらく皆さんは二十一世紀以降も生きておいでになると思います。その時はウワーッと変わってきますよ。もう十年間もたつと世の中はウワーッと変わってきますよ。例えば私が宮沢賢治の幸福の原理はこうですよ、と言っていたことが、二十一世紀になると、それは当たり前じゃないの常識じゃないの、自己主義とかエゴとかそんなものだめだって、誰もが言うようになるんですね。教えなくても分かるようになるんです、世の中が。非常に良い世の中に変化をとげるんです。新しい時代に入って行くことになる、それは新時代、アクエリアス時代と申しますけど。（ただし、その前に産みの苦しみはありますが。）ここで人類の大転換が今行われようとしているんですね。ですから心霊研究というものは一八四八年に始まりまして、これは今滅びかけている地球を救う一つの使命があります。しかしその仕事と共に、二十一世紀以後の新時代を作っていく、そのための根本の教えを啓示しようとする、そういう運動でもあるんです。

救世主再臨とは

まあ一説によりますとキリスト再臨とか言ってますが、これは昔からの予言がございまして死んだキリストが再び生まれ出てくるとか、マイトレーヤの降臨だとか、弥勒菩薩が出てくるとか、言われてますけど、ある意味で現に来ているんです。これを普通の言葉で救世主と言いますけど、現に来てるんです。来てると言っても肉体をもって来ているのじゃなくて、霊的に来てるんです。そして啓示をいっぱい与えているんです。イエスなんかも来ていますね。イエスは死んでから二千年もたって更に高級になっていますが、もう地上とは通信できないほど高い世界に行ってしまいますが、今再び降りて来て啓示を伝えています。例えばシルバー・バーチの霊言だとかの背後にあるのがイエスの霊ですね。で、イエスの上にはもっと上の神々がございます。イエス・キリストも神様じゃないですけど人間の高級霊ですけども、神々がおりまして指導しております。で、イエスだけじゃございません、そのほかにもっとたくさんの高級霊たちが下って来ておりまして、弟子たちもたくさんつれて下って来ていろんな所でいろんな指導、いろんな啓示を行ってます。世の中を変えよう、地球を救い良い世の中に変えていこうという運動を行っております。

霊を知らないと、幸福にならない

さてその新しい時代を生み出す根本の原理というのは、やはり賢治が見抜いたものと本質は同じなんです。奉仕、愛、慈悲、これが幸福の原理である、そういうことなんですね、自己主義、これは不幸の原理である。で、これを知るために狭い物質界だけでなく、霊的なものが分からなければ、霊的なものの存在を認めないと、これが本当の納得はいかないんです。言い換えますと、この世もあの世も通じてこの大宇宙を通じて法則が働いている、因果律という法則が働いている、因果律は霊的なものが作用することによって初めて因果律が働いていているんですね。ですから良い事をしたらなぜ良い事が、悪い事をしたらなぜ悪い事があるか、非常に単純なんですけどこれが因果律の働きなんですね。それには霊的な働きがその裏で作用することによってはじめてそれが実際にそうなっている訳ですね。ですから皆様は自分が幸福になりたい、子供を良い子供にしたい、良い家庭を作りたい、良い日本を、良い世界を作りたいとお考えになったら、どうか一つこれをチャンスに霊的なことをぜひ勉強なさってください。それは本当に心の底から「そうなんだー」と、実践できるところまでお進みになることを私は非常に希望するんです。言葉が足りなかったとは思うんですけど一応この辺で話を終わりにしまして、何かご質問やお話がありましたら承りながらやりましょうか、ではこれで話を終わりにします、御静聴有り難うございました。

第四話　霊を見ない者は幸福にならない（後半）

Q1　霊的体験について

まったく基本的なことなんですけども、霊的なものが見えないと幸福の原理がわからないということなんですけども、実際私なんかは見えないんですけども、感じないんですけども、やはり見えるようになるには霊的なことを勉強するということでしょうか。

A　見えるというのは宮沢賢治のように目で姿が見えるという意味でなくて、分かるという意味ですね、実感としてね。霊魂というのはあるんだなと、それがわからないとだめなんですよ。例えば心霊の本なんか読みますといろいろ書いてありますからね、あるみたいだなという位まで分かるんですけどね、そこでおしまい、そんなもんですよ。万巻の書を読んでも脳髄には印象されますけどハートに印象されないとだめなんですよ。本当にそうなんだと思うのがハートなんですね。体でつまりハートで分かるようになるには一番いいのは霊的な体験をすることなんです。いろんな体験ございますよ。一番端的なのは幽霊を見たってことですがね。幽霊あったってことになりますけど、そういうことに限らず、よく身内の方が亡くなる時に死の知らせとかね、よくこういう体験をする方はいますよね。何人に一人かはいますよ。そういう体験のある方は霊魂があるということが分かっちゃうんですね。そうでなくても、つまり死の知らせや幽霊見なくても、不思議な体験、人間わざとは思えない何かうまくことが運んだとか、希《まれ》に有りますね、そういう奇跡的な体験。何でこれうまくいっちゃったんだろう、私はこうしたいとか成りたいとか思った訳でもないし人がしてくれた訳でもないし、それなのに何かうまくことがトントンと調子良くいっちゃったなあという、まあ奇跡的な体験ですね。こういうことが有りますと、何か有るんじゃないかな、神様や仏様あるんじゃないかな霊的なものあるんじゃないかな、ということが分かり始める。こういう奇跡的な出来事の体験、こういうのも心霊体験というんですね。こういう心霊体験をなされればいいんですよ。ところがね、そんなこと言ったって、しようったって出来るわけないよ、明日したいと思っても出来ない、と、こう言われますがね、そうです、そうは出来ないんです。でも出来る道があるんです。簡単に言いますとね、一所懸命心霊を勉強なさってね、そう生きようと、つまりこう言ってるからこう生きてみようと思って、道を求めると、人間の正しい道を生きてみようと真剣に思うとね、必ず心霊体験起こってきますよ。ああ大分本物になって来たな、真剣に生きる気持ちになってきたな、じゃあこのへんで見せておいてやろうかと、背後的に霊的に働きが起こってきます。要するに道を求めるというのは高級な精神ですね。真理を求めるというのは高級な精神、言い換えますと、心の波長が悪い波長から細かい良い波長になってくるんです。さっきの話で申しますと、高級霊、守護霊に通じるようになってくるんです。そうするとその働きによってトントンと物事が奇跡的に良くいったり場合によっては幽霊を体験するような所に連れていかれたり、あるいは死の知らせのようなことでもですね、起こるように後ろでやってくれます。これが心霊体験。ですから心霊体験というのは真実に道を求める時に、その時期が来れば必ず与えられるんです、ということなんです。

Q2　心霊治療について

心霊治療というものがありますが、普通の病院に行くのが私なんかためらってしまって、子供も少々の風邪なんかだと連れていかなくて、そういう心霊治療なんていうのは、そういうものを受けることは霊にとって良い事ではないんでしょうか。

A　心霊治療は色々な種類がありますんでね、いちがいに答えられないんですけどもね。治療師と受ける人と両方の態度が関係してきますんでね、簡単に言えないんですけど。普通その辺だと霊媒屋さんや拝み屋さんがいてね、何か悪い霊がついているから病気で、悪い霊をのけてあげますよなんていうのが多いんじゃないですか。そういうのが町の霊媒師、霊術師、心霊治療家の七、八割だと思いますけどね。そういう場合の話をしますとね、そういう霊媒、霊術師、心霊治療家もね、高級な人と、低級な人と両方ございましてね。低級な人にかかったんじゃあ駄目なんです、高級な人にかかった場合は効果がありますね。病気の原因は色々あるんですけどもね、病気の原因は八、九割は霊的な原因で起こっているんですよ。霊的なものの作用でね。まあ風邪なんてのは違いますけどね、風邪なんてのは自然的現象で毒素を排出するための作業ですから、時々風邪ひいた位が良いんですけどもね。例えばガンになったとか、胃潰瘍になったとか、心臓悪くしたとか、どこが悪くなったとか、そういう場合にですね、そういう病気を起こさせる原因に霊的なものがあるんですよ。簡単に言うと、そういう病気を起こさせようという良くない気持ちを持った霊が感応して影響を与えているのですね。そうすると病気になるんです。そこで、心霊治療を受ける時、そういう悪い霊を取り除くということで治療するんです。これがなくなると病気の原因がなくなりますからね。ところが、良い治療家と悪い治療家とございまして、悪い治療家の場合無理やり取り除こうとするんです。無理やり引き離す、離れると原因がなくなるから治るんです。ところがね、引き離されたのがまた戻ってくるんです。憑きたいからこの人に憑いているんでしょ、それを無理やり離されますと、怒りますよ、カンカンになって怒りますよ。これは人間と同じことでしてね、よくも私ここにいたいと思ったのに無理やりに引っ張っていったなってカンカンになって怒りますよ、恨みをもってまた戻ってきます。戻ってくる時に、もっと強い仲間、悪い仲間を連れて戻ってきます。ですから、前より病気が悪くなったり、他に余病を併発したりします。で、病気じゃなくても他に災い事故などを起こしたりします、家庭に不和が起こったりします。ということがございますので、悪い治療家にかかった場合は大変マイナスですね。そういうのはみんな無理やりに除霊しようというのがいけないんです。それから良い治療師の場合は効果があるんですけども、この場合はね、憑いている霊魂を無理やりに離すんじゃなくて説得をするんですよ。あんたこの人に憑いていたんじゃいけませんよ、あなた自身も不幸になるし、本人も不幸になるし、おたがい幸福になるためには離れた方が良いんですよ、何が悩みで憑いているんですか、と聞いてあげて、じゃあこうしましょ、ああしましょう、ああしなさい、こうしなさい、あああそうですか分かりましたと霊魂が言って、じゃあ私離れますからと言って離れていく。こうなったら二度と戻ってきません。ですからその病気は治ったということなんです。ところがそれだけだとまた駄目なんです、またなんか起こるんです。なぜかというと病気になって、この悪い霊魂がくっついてきたのは、本人の心がけが悪いから同じような程度の霊魂がくっついてきたんでしょう。で、うまく説得して、こっちはなくなったたんだけど、人間の方が昔と同じ悪い心を持っていたんじゃ、やっぱりこの霊と同じ程度の悪い霊魂がいつか感応してきます。今度は病気じゃなく他の事故になっちゃったり、子供がぐれたり、家庭不和になったり、また別の病気になったり。だから本当に良い治療師というのは、説得をして離すだけじゃなくて本人にね、良い心がけをしなさいよ、人のために尽くしなさいよ、健全な人間の生活をしなさいよ、神仏っていうのはあるんですよ、というようなことを教えてくれます。人間の生きる道を指導してくれるんです。そしてこの人の心がけが良くなるように指導してくれます。そうするとですね、もう災いが起きてくることはなくなって来ます。だから良い治療師というのは説得をして離すだけでなく、人間の方にも人間の道の指導をしてくれます。そこまでしないと本当の心霊治療にならないんですね。まだ色々心霊治療ありますけど、まあ、まだ質問ありましたら申します。

Q3　日常の小さな親切

日常、小さな親切をしていると、だんだん人に対する配慮が自分の性格になっていくという所がとても印象に残っているんですけども、なかなかそれが出来ないのですが。

A　それは人間ですから、よく失敗しますよね。忘れてしまったりですね、逆のことをついやっちゃったりね。だから努力なくして何も良いものは得られない訳なんですね。この世のお金を稼ぐにもね、やっぱり労働という代価を払わなきゃあいけませんですよね。同じように霊的な宝を得るためにはやっぱり人間の努力がどうしても必要なんですね。努力という代価を払わなきゃあいけないんです。そのためにはやっぱりそういうふうに小さな奉仕をしようという心がけ、努力、これが日々必要なんですよ。例えば人と話をしていても、相手がいやなことを言うと、すぐにカッとなったり、怒ったり、憎んだり、反対に悪口を言ったりしますね、これは普通のことなんです。今まではそれですましてね、相手に一本とってやって、ギャフンとさせて良い気持ちになって帰ってくるんですけども、それが本当はいけないんで。ああこれはいけないんだ、怒らないことなんだと。むしろ相手の長所を見つけてあげることなんだと、相手がこうやって怒ってんのは、いやなことを言うのは何か本人にとって具合の悪い点があるだろうから、気の毒だからそうならないように何かこの人のためにしてあげられないかなと思ってみたりね。それはその人の努力なんですよ。そういう配慮ですね。配慮を日常の生活の一つ一つの中で。で、子供を怒る時も頭にきて、パン！パン！パン！と怒ったりしたんでは子供を駄目にし自分も駄目になる。感情ですね、悪い感情です。霊の見える人が見ているとね、幽体がドス黒いようになってね、槍のような、稲妻のような、ドス赤い火の槍がワーッと子供のハートに突き刺さっておりまして、子供は本当に害を受けますよ。本当に子供は悪くなりますよ。怒りの矢を突き刺しますからね。要するにね、人間の肉体を刃物で傷つけるでしょ、それと同じように、相手の魂を傷つけてしまうんです。で、子供を駄目にしてしまうんです、自分も悪いものを出しますから自分もその分だけ人格が、魂が低下していくんです。だからカッと怒らずにワンステップ置くんですよ。確かに子供は間違ったことをしているからどう怒ってやったら良いのかな？と、こういうことですね。良い事と悪い事のけじめをつけさせてやらなきゃあいけないな、けじめとは何だっけ？　ああ物より心を大事にすることだな、自分よりも人を大事にすることだな、これがけじめですね。そうなるように叱ってやるんですね、これが努力なんですね。

Q4　子供のしつけは親の努力

子供に影響する訳ですから常に親が人格を磨いていかなきゃあいけないんですね。親がいい加減な生活をしながら、口先だけで子供を叱っていると、本当の指導は出来ないんですね。

A　そうですね、その通りですよ。口先だけでね怒ってたんじゃ、本音と建前使い分けまして、建前で怒っておりますと子供は悪くなります。要するに本音の方が本物でございまして、建前の方はにせもので、あの世に行くとみんな見透かされまして、本音が悪くて建て前だけで怒って、自分が実行せずにね、で、子供にだけ人間の道はこうなんだから人に親切をしなさい、物よりも心を大事にしなさいなんて自分が逆のことをやってたんじゃ、嘘をついていることになりますからね。嘘をついてますよという悪い波動が出ているんですよ。ですから、自分もそのために駄目になりますが、その悪い波動が子供にも行きますから、子供は違和感、不和感、不快感を持ちますね。でそれが、子供に影響しまして子供の人格をまた低下させて行きます。また子供を逆に反発させます。だから人間いつも真実でなくっちゃいけない。相手のためを思って言ったり考えたりしなきゃいけないんですね。ですから、あなたが言ったように自分自身が真実である、人格を磨くって言いますかね。人格を磨くっていうのはね、座禅をして磨くとか、特別な修業をして磨くという方法もないこともないんですけどね、一番肝心なことはこういう日常生活ですね、まず対人関係でね、怒らない、恨まない、憎まない、ひがまない、常に相手のためになるように物を考えてあげる、というようなことですね。言葉もそういうふうに気をつける。同じことを言うにも「ヤダ!」なんて言うよりもね、「ちょっと今都合が悪いんで、また後でね」とかね。こういうふうに同じ言葉にしてもそういうふうに言うとかね。同じ言葉でも言い方によって相手を救ったり、いい気持ちにさせたり、悪くしたりします。それによって自分も傷つく、あるいは自分も良くなる。だから大切なのは言葉とか行為ですね。

それから一人でいましてもね、自分一人だから何を思ったって何言ったっていいでしょうっていうのが現代の考え、唯物主義でね。人に迷惑しないんなら何考えたってかまわないんじゃないの、これは現代の心理学なんかでもみんなそうですね。これは大間違いでね。一人でいましてもね、人の悪口とか考えてたり恨んでますとね、悪い波動が出ましてね、確実に人に悪い影響を与えているんです。で、さっきね霊魂ていうのは生きていて、霊魂が色々人間に影響を与えると言いましたでしょう。生きている人間もちゃんと霊魂ございますから、悪い心もちますと霊魂と同じように悪い波動が出てくるんです。良い心を持ちますといい波動がでていく。それが他の人々にみんな影響を与えているんです。人間霊魂が見えないもんですからね、平気でそういうことを知らずにやっていますけどね。我々霊魂ですから、一人でいても良い心を持ちますと、身近な人にですね、家族、近所の人にいい影響を与えていきます。そして、相手もあの人好い人だなあと自然に思ってきますね。だから人から好い人に思われたければ、体裁の良い事を言ったり、うまい事を言ったり、何かプレゼントをしたりしてもみんな一時的です。それよりも相手のためにものを考えてあげる、ということをやりますと、相手にそれが分かりますからね、ああこの人好い人じゃないかな、ということになる。心というのは生き物なんですね。

特にお子様はね、母親の影響ものすごいですよ、心の影響が。これはもう子供が良くなるか悪くなるか、母親の影響が一番大きいんですね。で、親から子供が独立しまして、別居しまして、結婚しましても、親の影響やっぱり影響を与えますね。母親特にそうですね。特に小さい子供だとすごいですよ、影響がね、だから良い子供に育てたければ、子供を将来幸福にしたければ、天分を発揮させたければ母親がまず自分の魂を磨くということですね。これは根本条件です、これをやらないであと何やったって、テクニックでやったって駄目ですね。必ず先は因果律で破壊、つまずきが起こってきます。

Q5　大切なのは魂の教育

今色々な教育が流行っていますけど、とにかく根本は魂を磨かなければ、これが出来なければいけないんですね。

A　そうですね、テクニックじゃありませんね、良い教育ならみんなこの心の問題言うはずですよ。心を大事にする本人の姿勢を大事にする、と必ず言うはずですね。それが欠けてしまいますと技術になってしまいますね。どんなにテクニックがあっても本人に良い心がないと駄目です。だから良い先生は知識を教える技術がうまい下手じゃないんですね。その先生が子供に対する姿勢が愛情があるかないか、要するに子供の進歩向上を、本当に自分を捨ててでも考えてくれるか、くれないか、これが一番根本なんです。それによってね先生の愛情のあるなし、これでもって子供の影響一番大きいですよ。愛というのは一番大きいんですよ力が。なぜかというとね、神様は愛なんです。神はまた天地の法則でもあるし、意志でもあるし、エネルギーでもあるし力でもあるんですけども、愛なんです。これは神の本質です。人間の本質も愛なんですね。何となれば人間は神の分身ですから。魂はね、魂は神様からの分け御霊《みたま》ですから、愛が本質なんです。だから人間の幸福の原理も愛なんです。自分の本質に従って、神の本質に従って生きること、愛ですね。奉仕だとか、慈悲だとか、親切だとか申しますけどね。そうなんですよね。ですから昔のお釈迦様やキリストも本当のことを教えてくれてた訳なんですけどね。ですから教育の根本は愛なんです。で、家庭は子供に対する最小単位の学校なんです、本当の意味の小学校ですね、人格を作る最小単位の学校なんです。で、これが駄目ならばその子だめですね。特に小さい幼年時代、良い魂の感化を受けていないと、年取ってからどんな良い教育を受けたって駄目ですね。基本が出来ていないと、テクニックは獲得し、知識は獲得し、社会的に相当な地位に就くことがあったとしましても、その人の魂が悪ければ、その人はそういう知識や技術を応用して行うことは良い事を致しません。良い事をしないから世の中にも人にも良い影響を与えませんし、因果律でもってその人の生活にもですね、例えば地位は高く学識はあったとしましてもね、何か家庭がうまくいかないとか、事業もうまくいってたのにある所でポンと駄目になるとか、あるいは病気になるとか、あるいは事故にあって思わぬけがをしたとか、いろんなことが起こってきますよ。ですから一番大事なのは家庭における魂の教育ですね、これがもう基本なんですね。それは愛です、親切です、奉仕です。そういうものを基本にして親が生きる、そうすると子供がちゃんとする。

で、この頃はですね、洗濯機はあるし掃除機はあるし、もうなんでも便利になりましてね、ご飯炊くにもスイッチひとつで炊けますし、昔の、私たちの親から見ますと今の主婦はものすごく楽ですね。労働時間十分の一位じゃないかしらと私は思いますね。昔の親はみんなご飯炊くにも薪を割って、竈《かまど》に火をつけて、お茶を沸かすんでも炭おこしてやらなきゃあいけない、色々大変でしたね。今になると楽ですね。お子さんも一人、二人で手が回りますね、子供にかまい過ぎるんですね。よく構ってくれる分にはちっとも構わないんですけどもね、本当に愛を持って指導し構ってくれる分にはいいんですけども、悪く構うことが多いんですよね。色々なことがありましょうな、でそういうことで子供を駄目にしていくということがよくございますね。例えば、母親がしっかりしておりますとね子供は自然に良くなるんですよ。私は教師をしておりましてよく見ておりました。家庭も見ていますし、子供も見ていますけど、非常に良い子供の親でも、共稼ぎでね、両親とも夜にならないと帰らない家庭でとても良い子供おりましたですよ。それは親に会うとすぐ分かるんですね。親御さんがいいんです。お父さんは一所懸命世のため人のために働いているし、お母さんは家計の足しにいっしょに働いているんですけども、お母さんも愛情に富んだものの分かった良いお母さんですよ。子供が帰った時は、鍵っ子で親は見てやれないんですけども、教育してやれないんですけども、子供はそういう親のけなげに働いている姿を見ておりますからね、まねするんです。で、お母さんあんなに時間ないのだけど、私のこと考えていてくれてるという感謝の気持ちも出てきますしね。奉仕という気持ちも出てきますしね。ああいうふうに働かなきゃあいけないんだなということも分かってきますしね。ですからぐれること絶対にないんですね。だから母親と子供はへその緒は切れましても命の緒は、精神の緒はつながっているんですよ。親の気持ちはそのままつながっているようなものですからね。ですから、親御さんが見てやれなくても心さえ、ちゃんと生活さえしておりますとね、子供は必ず良くなってきます。

とにかく何ごとも人のせいにしないように子供を育てることが非常に大事ですね。これは非常に大切なことです。天才を発揮させたければ、天分を発揮させたければ人のせいにさせないようにしなければいけない。何かまずいことがあるとすぐ人のせいにする、親のせいにする、友達のせいにする、環境のせいにする、お金のせいにする、社会のせいにする、こういうのは割合多いですけどね。この頃は学校でけがすると親が学校の指導が悪かったとか三千万円よこせとか訴訟おこすでしょ、三千万円とりましても子供は非常にマイナスですね。あれは全部自分が招いているんです（これは霊的な意味でですけどね）。日航機で墜落した五二〇人、大変お気の毒ですけど霊的な要因は何事も自分にあるんです。色々なカルマの法則ありまして簡単に言えませんけどもね（カルマはすべて本人の魂の進歩のためにあるんです）。その背後の霊的なものが働いておりましてそれ呼んだの自分なんですよ。どんなことがございましても、交通事故で向こうが信号無視で突っ込んできても、それは当然向こうが悪いんですよ。でもね、もっとさかのぼっていくと自分に霊的原因があるんです。ですから何事も人のせいにしないように子供をしつけていきますと自立心が出来るんですね。人のせいに出来ないんだから自分でやるしかしょうがないじゃないかという自立心が出てきます。この自立心ていうのが幸福を生む源泉なんです。自立心のある子は努力しますけどね、その人間的な努力が神様に通じちゃうんですよ、スイッチが通じちゃうんです。そうすると神々からのエネルギーが本人に通じ、霊的に精神的に物的に援助が受けられるんです。自立心がないとスイッチが通じないと援助が受けられないんです。ですから人のせいにすると得するように思いますね三千万円賠償金もらったり、人に責任転嫁してこっちは知らん顔してたりね。現実には儲かったような得したようなことになりますが、これは神様からのスイッチを切ることになりましてね、結果的に将来大きな不幸を背負うことになります。自立心を持ちますと必ずその子は放っておいても良くなっていきますよ。必ず年頃になりますと自然に自分の将来進むべき道というのが分かってきます親があれこれ言わなくってもね。なぜかというと人間は生まれてくる時にね今度あの世の中に生まれた時私はこうしたいああしたいという計画をもって出てきているんです。これは再生というんですけどね。人間は再生を繰り返すんですがただボヤッと再生してくるわけじゃないんですよ。もう一ぺん地上世界に生まれて私はこういう勉強をしたい、こういう努力をしたい、こういう面で修業をしたい、こういう面で天分を発揮したいという何かがあって出てきております。ただし母親の体内を通って生まれてくる時、全部そういう記憶が消えてしまいます。脳の中が白紙になって出てきて忘れてしまいますけど魂の奥底では覚えています。素直に育ちますと、愛を持った素直な子に育ちますと、年頃になるとその記憶が自らよみがえってくる。私はこういう方面に進みたい、こういうことがしてみたいということが自然に出てきます。本能的に出てくるんですよ、これが本当の使命の道でね。その道を進むとその子は成功するんです。親が欲目で医者になった方が良いよ、あの塾に入りなさい、この大学に入りなさいコネを使ってでもいれてあげるから、なんて言うと本人がこうしようと思ってた道と違う道に行っちゃうんです。するとうまくいかない、うまくいったと思うと挫折する、他のことで駄目になる、不幸になりますね。ということでございますのでお子様は素直に愛をもって育てる、自立心を与える、そうするとちゃんとその子が必要な時に進むべき道が発見出来るんです。これが本物の道ですね。だから教育もそういうふうにしなければいけないんです。特に幼児教育、一人前になる十四、五歳までの教育は大事ですね。胎教は非常に大切ですね、体内で子供は聞いてますよ、魂はございますから。肉体はまだ小っちゃい体ですけど魂はちゃんといますから、再生してきた昔大人の魂ですから。それが母親の体内に出たり入ったりしていますから、母親の持っている精神の影響が、周りの影響が子供の霊魂に感応していきます。これは大事なんですよ。

そして今日お話し出来なかったんですけども、肉体の他に霊の他にまだいっぱい体があるんですよ、幽体とか霊体とか本体とかね。それが受胎されてから生まれて七、八歳くらいの間に形成されていくんです。その媒体にいろんな性格とか性質が植え付けられているんです。ですから小さい時は、そういう媒体が出来ていく上でその時のいろんな精神的な影響がみんな植え付けられていく、ちょうどこのカセットテープレコーダーに声が受信されていくように、子供の生の媒体に周りの精神的な影響が全部影響されて、それが本人の性格になっていくんです。だから受胎の時から非常に大事なんですね、だから母親は、その家庭はその子の将来の人格を製造しているんです。それではこれで終わらせて頂きます、ありがとうございました。

第五話　人間とその霊的真理（前半）

今は変革の時代

どうも皆さんこんにちは、またこうやって話をするチャンスを与えて頂きましてありがとうございました。今ね、私の考えでは世の中非常に転換期でございましてね、前回も前々回も申しましたけど、人類がもしここで滅亡せずに、また地球に大破壊もなしに、無事に二十一世紀へとはいっていきますと、人類の世界は皆様がびっくりなさるように大きな転換に入っていくんです。他の方々も色々言っていますけどね、どういうふうになっていくかというと、人間は今まで物質ばかり見ておりましたんですけども、霊的なものがあるんだなってことが常識化されていくんです。そしてそういう霊的なものを人生の中に取り入れていかなくっちゃいけないんだなぁってことがわかってくるんですね。で、取り入れていくことによって人間はより真実の生活、そして、即ちより幸福の生活に入っていけるんだなぁっていうことが、分かっていく時代に入っていくんです。今はそういう過渡期にございます。ですから私はこうやって話をさせて頂くのが非常に嬉しいんです。皆さんにこうやって聞いて頂くことが嬉しいんです。これが皆様の人生の中に少しでも取り入れて頂けたら、もう非常に嬉しいんです。で、更にその話を他の人に伝えていただきましたら、もっともっと嬉しいと思います。世の中非常にそれによって良い方に変わっていくと私は思ってますんでね。

霊の問題は奥が深い

今日は三回目でございますね、それで一応今日で話を一つのしめくくりにしたいと思います。実はね、霊魂の話と申しますのは非常に奥が深くって、広がりも広いわけでございましてね。簡単にそう分からないんですよ。見えないもんでございますからね、なにしろ。そしてこの霊魂の問題が非常に我々の人生に深く食い入ってるものでございましてね、なかなか幅が広くて奥が深いものですから分からないんですよ。学校に行って社会科を習って、あーみんな覚えちゃった、テスト受けたら百点取れたとかね。あー数学の解法が分かった、分かっちゃったからテスト受けたら百点取れた。そういうふうにすぐ分かったらすぐ百点取れるとか、すぐ実現できると言うんじゃあないいんですね。わからないし、わかりにくいし、わかって実践しようとすると、またこれがなかなかね、ひっかかりがございまして、というふうなことでございます。それを三回でとにかく、一応、何かそういうもんかいなということをおわかり頂きたいと思いましてね。今日はそういうお話をしたいと思います。

スピリチュアリズムと、古来の聖者の教えと真理はひとつ

それで今日は、実は近代心霊研究というものがございまして、その心霊研究の結果を「スピリチュアリズム（神霊主義）」と申しますが、このスピリチュアリズムの原理についてポイントだけお話ししたいと思います。と申しましても私の申しますことは別に事新しいことじゃあございません。それは何かというと、昔々から釈迦とかキリストとか、そういう立派な方がおっしゃっていたことと本質的に全く同じことです。ちっとも変わっておりません。何故かというと真理というものは常に一つでございますからね。それなら、そんなことわざわざお前が偉そうに言う必要ないじゃないか、お釈迦さんの教

え、キリストの教えを聞いたらいいじゃないか、と言われますけど、そこがちょっと困るんです。というのは長い間に、二千年とか二千五百年とか経ちます間に、そのせっかくの教えが歪められてしまったり、いろいろ迷信的なものがくっついてしまったり、あるいは回りくどくなっちゃったり、難しくなったりしておりましてね。それでみんな引っかかってしまうんです。中には間違ったところばかりをとらえて、これが本当かと思いこんでしまったり。回りくどいので、あるいは難しいのでわからなくなったり。または横道に引っかかったりしてしまいますね。もうこれは二千年から経っていますからしょうがないんです。

そこで私は、心霊研究というのがございますよ、霊魂というものがあるんだよ、霊魂というのは我々の日常の生活でこんなに関係しているんですよ、という霊魂という面からお話ししたいと思います。

なぜ古来の宗教に狂いが生じたか

昔の宗教は真理を持っているんですけどなぜそういう横道にそれたり、回りくどくなったり、迷信がくっついたりしたかというとね、霊魂の働きっていうことから、お釈迦さんもキリストさんも、説明をほとんどされなかったんですね。ただ人生をこういうふうに生きなさいよというふうな、これを信じなさいよというふうにおっしゃっただけなんですね。実は霊魂というものがあって、人間の行動や人間の考えることや、すべての面に、人生万事、霊的なものがかかわっているんですよという内面の働きについてお話しにならなかったんですよ。そこでね横道に曲がったり迷信がくっついたり、難しくなっちゃったんですね。

なぜそういう霊的なことをお話しにならなかったのかと申しますとね、当時の、二千年も二千五百年も昔の人には、霊魂の働きとか、霊魂の動きとか、霊魂の原理とか、ということを話しても分かってもらえなかったんです。それは学問だとか科学が発達しておりませんのでね。いわゆる学術的な知識が、合理的にものを考える習慣がまだ当時ございませんのでね、わからなかったのです。そこでお釈迦さんも、キリストさんも、これを信じなさいよ、人間こういうふうに生きるべきなんだよ、こういう心がけをしなさいよ、というふうにお説きになっておりますね。

で、今や科学が発達しまして、人智が進歩しましたので、実はお釈迦さんやキリストが説かれた、こう生きなさいよ、このように心がけを持ちなさいよ、これを信じなさいよ、とおっしゃったことの背景には、実はこういう霊魂の働きがあるんだ、霊魂の動きがあるんだ、ということがようやく説けるようになったんですね。そこで今スピリチュアリズムと申しますものが出てきまして、新しくお釈迦さんとかキリストの教え、いろんな優れた宗教的な教え、精神的な教えの内面機構を、つまり内面における霊の働きをですね、私たちに説明できるようになったんですね。そういう意味で今日は霊的な面からお話をしまして、結論はお釈迦さんやキリストさんがおっしゃっていることと全く一つでございます。そこで今日はその霊的な面からお話を致しますから、そのようにお聞き願いたいと思います。

先ず「人間とは何か」を知れ

まず最初に、人間とは何かについてお話しします。人間とは何か、これがわからないと、正しい人生は送れないんです。もし自分を動物だと思っていたら動物のような生活になってしまいますね。人間の生活でなくなっちゃいますね。そうなりますと人間としては幸せには絶対なれない、動物のような生活をしていたら幸せには絶対なれません。ですから正しい人間像、人間観と申しますか、これを知らないといけないわけです。そこでまず人間とは何かということについてお話し申し上げます。

何だ、そんなのはわかってる、学校で習った、科学で教わった、人間とは精巧な肉体でございましょうと、たいてい普通の常識では申します。また科学では人間は動物の一種であると申しております。つまり人間とは動物、そして物質です。もちろん精神というものはある、だけど精神は、肉体である脳みその、その脳髄の、働きの結果出てきた働きなんだから、元は肉体、物質です。ただ精巧な動物肉体機関の働きにすぎない。要するに人間とは物質なんだと、これを物質人間観と申します。これが現在の科学の考え方、また私たちの常識です。「そうなんだ、人間とは肉体なんだ、体が人間なんだ、死んだらそれでおしまいなんだ、消えて無くなっちゃうんだ」、こういうふうに言うのが普通の常識でございますね。

人は死んでも死なない

ところが、心霊研究いたしておりますと、全然それが間違いなんです。人間というものは霊魂なんです。スピリット、霊なんです。なぜそういうことが言えるかというと、八十年の生涯を終わりまして、お葬式を致しましまして火葬場にいって焼却してこれは灰になってしまいますが、すると人間消えたっていうことですね。ところが心霊研究によりますと、とんでもない人間ピンピン生きているんです。霊魂として生きているんです。

また「霊魂て幽霊じゃないの、目に見えないフワフワッとした煙みたいなものじゃない」と言う人がいますが、とんでもない。あの世というものは厳然とございまして、そこに行って生きているんですよ。どんな生き方をしているかというと、ちゃんと体はございます、肉体じゃございませんよ、肉体とウリ二つの形をした幽体です。これは肉体と同じように形がちゃんとあって、手があれば体もあって目もあって口もあって、しゃべることもできて、髪の毛もはえていて、ここで見た皆さんとすっかり同じ姿であの世に行って生活しているんです。ただものを食べたりなんかは致しません。これはもはや物質の肉体ではございませんのでね。しかし生き生きとしてそこで趣味、研究、いろんな活動、生産活動もやるんです。そして色々な階層があの世にはございましてね、魂が奇麗になればなるほど良い世界へどんどんどんどん進歩向上して無限の彼方、神の世界と申しますけどね、神界にまであの世がございまして、我々はみんな死にますとあの世に行きまして霊魂として生きて最後は神々の世界に入っていくんです。こういうことが心霊研究の結果わかってきました。つまり我々は八十年で灰になって死ぬんじゃあない、永遠に霊魂として残るんだ、生き生きとして生きているんだ、我々は肉眼で見えないものだから知らなかっただけなんだ、ということなんですね。余りこれを詳しく話しますと、後が話せませんのでこれくらいにして、もし霊魂の存在について本当のことを、もっと知りたいと思われましたら次の本をお読み下さい。浅野和三郎著『神霊主義』（発行元・でくのぼう出版）。これは心霊研究の成果を、そのエキスを、最も分かりやすく正確に解説した名著です。この本をお勧めします。

「人は神」である

まあこういうわけで話を先に進めさせて頂きます。結局、人間とは霊魂です。言い換えると、人間というものは、肉体というのは、八十年間の借り物なんです。そして人間の本体、人間そのものというのは霊魂なんです。永遠不滅なんです。永遠不滅ということは何かというと、永遠不滅なるものはこの世の中に一つだけございます。神様でございます。全知全能にして不滅なるものは神様でございます。それと同じように永遠不滅なるものが人間の霊魂なんです。我々の本体なんです。ということは、霊魂というものは神の分身だと、神から分かれたものだと、神の部分だと、神の火花だということなんです。こういうことが心霊でわかっています。

要するに、人間というものは肉体じゃなくて霊魂なんだ、霊魂は永遠不滅であって、神様から分かれたものだ、神様の部分なんだ。言い換えますと、皆さんは霊魂であって皆さんは神様なんです。もうとんでもないことです。八十年で焼き捨ててなくなるようなな、吹けば飛ぶようなものじゃなくて、厳然たる神の分け御霊《みたま》なんです。光り輝く全知全能と同じ性質をもっているものが我々なんです、ということが分かってきます。大変なものですね、人間とは。

人間は霊と肉体の二重性

さて、それにしちゃあ、神の子供にしちゃあ、見るとたいして光ってもいないしね、悪い事も大分するしね、神の子っていうのは嘘じゃあないですか？と、こう誰しも思います。それはその筈なんです。現実のこの地上に生きている私たち人間は、神の子供である霊魂とプラス肉体というわけですね。肉体が霊にプラスされて一緒になっているわけですね。で肉体というのはご承知のとおり欲望を持っております。生きるためには物を食べなくちゃいけない、物を使わなくちゃいけない。だから物欲というものがございます。食欲、物欲がございます。それから子供を作っていくためにセックス、性欲もございます。性欲と食欲という本能を持っております。これは動物も持っております。いわゆる動物的な欲望を持ったのが肉体なんです。その肉体と神の分け御霊《みたま》である霊と一緒になったものが人間なんです。

だから現実の人間は、肉体というものがありますから動物的なものが表に出てしまいますと、ちっとも光り輝かなくて動物的なものになる面があります。また時々素晴らしい発明をしたり、良心のひらめきがあったり、英知がひらめいたりして神の片鱗もあるということですね。こういうわけで現実の我々、生きている人間というのは、神の子と動物的な肉体との二重性ですね。つまり神の性質（神性）と動物性の二面の姿を持ったものが人間なんです。

ところが本当は、私たちの本物の本体は神の子の白光なんですよ、動物性の肉体は八十年で消えて無くなって、もうそれでおしまいなんです。ですけど、この八十年の生涯の間では動物性の肉体と神性（神の性質の、神の子）と二重性を持っているのが人間なんです。

人間には更に媒体がある

ところがね、実は人間もうちょっと複雑なんですよ。いま二重性と簡単に申しましたけど、私たちはもっと肉体の他に体があるんですよ。別の体がいくつも。媒体とでも言っておきますかね。

一体何かと申しますと、こういう事なんです。私達は霊魂でしょ、神の分身でしょ、もう素晴らしいものです。これはもう見たら目がつぶれるような太陽の光よりも光ったものなんですよ、私達の本体は。ところがね、本能の媒体であるこの肉体である動物と同じものを持っているでしょ、差が大き過ぎるんですよ。ちょうど私達は洋服を着る時にいきなり洋服を着ないですね。下着をつけてから洋服を着ますね。冬になるとオーバー着ますけど裸の上にいきなりオーバー着る人いませんね。下着をつけて上着をつけてその上にオーバーを着ますね。肉体はオーバーと思って下さい、オーバーコート。そして霊は体だと思って下さい。

要するに霊が肉体という鈍重な、のろい、厚ぼったい物質のコートをつけるためには、下着だとかその上に洋服だとかを着ていないと、オーバーコートは普通つけないんです。そこでね人間もこの肉体の下に幽体という体があるんです。幽体とは幽霊の幽の字ですよ。これは目に見えませんけどね、確かにある。その下にですね、奥に霊体というものがある。霊の体と書きます。更にその奥に本体、これは本物の本ですね、本体。その一番奥に霊があるんです。もういっぺん申しましょうか、神の火花である霊は本体をまず身にまとっている。本体とは皮膚だと思えばいい。人間の皮膚のように霊の皮膚にあたるものが本体だと思えばいいんですね。その上に霊体をまとっている。霊体、これは下着だと思えばいいですね。その上に幽体という体がある、幽体は洋服だと思えばいいです。その上にやっとオーバーコートである、外套である肉体を着ているんです。こういうわけなんですね。

人間はだから複雑なんです。媒体は本体、霊体、幽体、さらに肉体、四つも体があるんですね。これが人間なんです。神の子であるスピリットとプラス四つの体、この組み合わせが現実の人間なんです。これが心霊研究で分かった人間なんです。だから人間は神様の子供でありながらその優れた神性が外に出てこないんです。本体で隠され、霊体で隠され、幽体で隠され、更に肉体で覆われてしまっているから神の火花、神の子供でありながらそれがちっとも外に出てこないんです。つまり神性が四重にくるまれているんです。だからそこでね、我々は神の子でありながらちっとも神の子らしくなく、むしろ似ても似つかぬ鬼っ子みたいになっちゃっているんですね。

媒体の働き

なぜそうなるかというと、さっき申しましたように肉体は本能を持っていますね。食欲だとか性欲を持っていますね。それからね、その下の幽体というものがあるんですけどね、幽体は感情の媒体です。感情といいましても悪い意味での感情ですよ、怒ったり、恨んだり、憎んだり、ひがんだり、悲しんだりする、そういう悪い感情の媒体が幽体なんです。ですから我々はいろんな欲望を持つだけじゃあなくて、恨んだり怒ったり憎んだりするというのは幽体のおかげなんです。幽体があるからなんですね。そういうことなんです。それからね、霊体というものはですね、理性の媒体ですね。道理をわきまえ筋道を理解する心、良心的に反省する心、それの媒体が霊体なんです。これはもう良いものなんですね。それから本体と申しますのは、英知だとか愛だとか、もう神に近い英知だとか愛だとか、そういうものの媒体が本体なんです。

で、こういうものをいっぱい身につけております。そこで人間は見かけは神の子じゃなくて、どうしてこういうふうに、ひがんだり怒ったり悲しんだり欲ばかり持ったりね、神の子とは似ても似つかぬ鬼っ子なのかといいますと、さっき申しましたように四つの体でくるまれて、神の子が隠されてるだけじゃなくって、肉体があるから欲を持ち、幽体があるからひがんだり悲しんだり恨んだりする、ということがしょっちゅうなんです。これが生きている人間なんですね。

媒体は心の波動の通信機

さてね、もう一歩入りますよ。それにしても悪い人が多いですよね。自分の生活を振り返ってみましても、良い事を考えている時間は少ないかもわかりませんね。良心的なこと、犠牲的な愛の行いなんていうのは滅多になくって、たいていあれが欲しいと思ったり、これが食べたいと思ったり、あの人はどうもいやな人だと思ったり、あの人こんなことしていやだなーと思ったり、今度あの人に悪口でも言ってやろうかと思ったり、暇があると集まって人の噂をしたりね、いろんなことばかりしておりますね。という風なことで、我々あんまり結構なことはやっていないわけなんですよ。なぜかというと、人間四つの媒体を持っているだけじゃなくて、もっと複雑なんです。もっと悪くなる素質があるんです。それのお話をします。

それは何かと申しますとね、実はね、この媒体ね、本体とか霊体とか幽体とかあると申しましたでしょう、これは全部ラジオやテレビと同じような通信機械なんです。これは通信機械なんです。どういうことかというとね、波動を発しているんですよ。電波みたいに波動を出したり受け取ったりしているんです。心とは電波みたいな波動でしてね、それを受信したり発信したりする機械が媒体なんです。肉体だって波動でしょう、肉体は分子でしょう、物質のもとは。分子のもとは原子でしょう、原子の奥には原子核があってその周りに電子がまわっているでしょう。電子は波動しているでしょう、電子というものは粒であると共に波動であるという二つの性質を持っていますでしょ。このように肉体も波動を持っているんですよ。波動なんですよ。だからそれと同じように幽体も霊体も本体も波動なんです。ただし波動が違うんです。肉体は一番粗い波動です。その次の幽体の波動はもっと細かくなってこれ位の波動なんです（手で肉体の波動は大きな波を、幽体は小さな波を描く）。その奥の霊体はもうずっと小さい。そして一番奥の本体の波動はもう精妙でピーッとした波動なんです。奥へ行くほど精妙な波動になるんです。そのように色々な電波を発しているんです。

心は「波長の法」に従う

さてさて、よろしいですか、私たちが欲望を持ったりひがんだり怒ったりいたしますと、それは波動になって出ていく、電波になって外へ出ていくんです。怒ったりひがんだり悪い心を持ちますとね、粗い波動なんです。愛情とか犠牲的な精神とか親切心とか持ちますと、本体からの細かい波長になっちゃうんですね。本体や霊体からの細かい良い波長になるんです。それからさっき言った、悪い欲望とか悪い心を持ちますと、幽体から粗い波長が出ちゃうんです。もう我々はしょっちゅう四方八方にそういうふうに波動を出しているんです。こういうことが分かったんですね。そうすると、テレビでもラジオでも何でも通信機はそうですけども、電波っていうものは波長が合いますと声を出したり、テレビなら姿が出てくるでしょう。波長、ダイヤルを合わせますと、ラジオは声が出てきますね。テレビのダイヤルを合わせますと姿まで出てきますね。我々のこの心の波長もそうなんですよ。同じ波長のもの、私たちの出している同じ波長のものと交流しあうんです。我々が憎む心を出すでしょ、憎む心を出しますとやはり憎んでいるような悪い心を持った波長と電波が合っちゃうんです。同調しちゃうんです。通じてしまうんです。

人間の心は霊と通じ合う

それは具体的に言うとどういうことかと申しますと、人間は死んでも霊魂として生きているとさっき申しましたけど、そうですよ、死んだ人はみんな霊魂としてあの世で生きているんですよ。そういう人の中には良い人もいれば悪い人もおりますでしょ。いっぱいいるんですよ、霊魂てね。で、我々が例えば怒ったり憎んだり悲しんだりしますと、悪い波長を出しますと、霊魂の方でも同じような悪い心を持った霊魂と波長が合っちゃうんです。通じてしまうんです。そうするとその霊魂が私たちに感応してくるんです。私がある人を憎みますでしょ、あいつ悪いやつだなあ私にこんな悪い事した、憎らしいなぁと思いますと、悪い波長、憎しみの波長が出ていきますでしょう。そうするとあの世におりますやっぱりそういう低級な心を持った霊魂がズーッと通じてしまって私に感応してくるんです。

人は霊からのささやきを、自分の心と思う

感応してくるとはどういうことかというと、私に通じまして「そうだ、もっと憎め憎め、もっとあいつに悪いこと、仕返しをしてやれ」というささやきをするんです。「ささやきをするなんてそんなもの聞いたことない私は」って言うけどね、人間というのは面白いものでしてね自分でものを考えますでしょ、あーだこーだって考えたり、それから感

情を持ちますでしょ、嬉しいなー悲しいなー、今日は良い気分だとか今日は憂鬱《ゆううつ》な気分だな、今日はあそこにちょっと行ってみようかしらとか、あの人嫌な人だとか、あれが欲しいなとか思いますでしょ。全部それは自分の心、自分自身が持った感情だと思っているでしょ。とんでもないんです。電波を出しておりますから、その電波にあった、波長にあった霊魂からの通信が来ておりましてね、あたかも自分の気持ち、考えのように思ってしまうんですね。

例えば今日皆さんおいでになったでしょ、もういっぺん今日行ってみようかな、何か話を聞きに行こうかなと思われたでしょ。自分の決断で確かにおいでになったんですよ。ですけどその時にね、「行ってみようかな」と思った時に電波を出しておりますから、皆さんの後ろにいる霊魂がですね、「行ってごらんよ、行け行け行け！ さあ準備をして行きなさい、どうしても今日行きなさい」と言うと、「どうしても今日行ってみよう」っていう気持ちになっちゃうんですね。こういうふうにですね、我々の考え、我々の気持ちは全部自分の心だと思っていますけども、霊魂からの影響を受けましてそれが強化・増幅されているんですね。反対に、ちょっと行こうかと思ったら、ウーンと行きたくなったりもさせます。それは行くことを妨害しようとする霊からのテレパシーです。本人はそれを自分の心のように思い、じゃ今日は止めとこうと思って行くのを止めます。このように霊には人の心を変えさせる働きもあるんです。このことを今の科学は知らない、今の常識も知らない、多少テレパシーとか何とかということでね、分かってきた。テレパシーの実在は今科学的に証明されているんですよ。超心理学といわれるもので、科学的にテレパシーはもう証明されているんです。心と心は通じる、ところがね、人間の色々なものの考え方、心の持ち方は、霊魂からの影響が日常たくさんあるんだということがまだ分かっていないんですね。しかし現実はそのとおりでございます。

なぜ人間は鬼っ子になるか

そこでね、人間が神の子供であるのに、なぜ似ても似つかぬ鬼っ子であるのか、悪いのか、というのはですね。私たちが少しでも憎む気持ちを持ちますと、すぐ同じような霊魂が感応してきまして「もっと憎め、もっと憎め、あいつに仕返しをしろ、恨みを忘れるなよ、こんなことやってあいつをやっつけろ」というようなことをささやくんです。それを私たちはいかにも自分の心だと思ってそうやっちゃうんですよ。そういうところがある。だから我々はよけい鬼っ子になっちゃうんです。人間恐ろしいでしょ、だから悪い心は持てないっていうことなんです。

反対に良い心を持ちますとね、「あーあの人、気の毒だなあ、どうも気の毒だな」って思いますと、その心がパッと出ましてね、細かい波長になってまして、良い霊魂がいっぱいおりますからね、良い事を手助けしてあげたいという霊魂がいっぱい世の中おりますからね、すぐ感応してきまして、「あの人に向かって手助けをしてあげなさい、親切な言葉をかけてあげなさい、肩でもたたいてあげなさい、お金がなければお金も少しあげなさい」っていう気持ちにさせてくれるんです。で、我々はいい気持ちになって、自分の気持ちだと思って奉仕を致しますね。もちろん奉仕の源は自分の心から出たんですよ、「ああ気の毒だなあ」って心は自分から出たんですよ。それに良い霊が感応してきて、その波長を倍加させてくれるんです。そこで奉仕の行為をしちゃうんです。善いにつけ悪しきにつけそうなんです。ラジオやテレビと同じでしょ、波長が合うと声が出て来る、ボリュームを増すと声がウワーッと大きくなる、霊魂がボリュームを増してくれるんですよ、波長が合いますと。だから我々は善きにつけ悪しきにつけ霊魂の働きによって大きな変化をしていくんですね。これが人間なんです。そういう恐ろしい波長的な存在なんですね、人間っていうものは。まあそういうわけで人間は鬼っ子になってしまっていると、こういうわけですね。

鬼っ子は不幸のコース

「ああそうか、まあ少しは分かってきた。鬼っ子だっていいじゃないの、憎まれっ子世にはばかるといって、鬼っ子の方が世の中生きていくにはたくましくって良いんだ。むしろ人を押し退けてドンドン競争で勝っていくくらいの人間でないと、人生は勝てないんだから少々鬼っ子の方が良いんだ。ウーンと鬼っ子なら政治家みたいに偉くなれるんだ（政治家にもいろんな人がいて中にはひどいのがいます）」っていうふうに常識では思うんですけどね。これがいけないんですよ。鬼っ子になったら必ず人生不幸になるんです。

間違いなく不幸になる。大きな鬼っ子になればなるほど、悪くなればなるほど人生は破滅するんです。それから人間が善人になればなるほど、親切で愛情に富んだ人間になればなるほど、言い換えると、自分の持っている神の性質を外に出せば出すほど、現実の生活全部恵まれる。ですから鬼っ子で良いんだとか、少々鬼っ子でも構わないと思っていることが全然間違いなんです。もし幸福になりたいと思ったら鬼っ子であることをやめて善人になっていかなきゃあいけないんです。

で、何故かっていうことを申し上げます。こうなんです。さっきの波長の原理なんです。鬼っ子の意地悪な、あるいは欲望に長けた気持ちを持つと致しますね。あいつ蹴とばして出世してやろうかとか、お金貯めるためにあいつを少しだましてやろうとか、あの人悪い人だからひとつ失脚させてやろうとか、こう考えますね。それはすぐ邪悪な霊魂に通じてしまうんです。波長が通じてしまうんです。そうするとさっき言ったように邪悪な霊魂が「やれ！ やれ！」って手伝ってくるんです。憎らしいあいつを失脚させるのに手伝ってくるんです。お金を集めるのを手伝ってくれることもあります。けれども、よろしゅうございますか、そういう邪悪な霊魂と通じますと、後は必ず悪いんです。

なぜかと申しますと邪悪な霊魂というのは、邪悪で悪いんですからね、人が滅亡すること、人がだめになること、不幸になることを願っておりますもうそれを目的にしているんですよ。大体人間でもそうでしょう。悪い人っていうのは人が幸せになるとひがんじゃって、人が不幸になると腹の底で喜んでいる、ということございますね。それと同じで、邪悪な霊魂もそうなんです。人が不幸になることを非常に望んでいる、自分が不幸ですからね、地獄にあって不幸ですからね、人もやっぱり地獄に引きずり込みたい、自分よりももっと不幸にさせてやりたい、それが楽しみなんです。ですから私が悪い心を持ちますと、すぐそういう地獄の霊魂に通じまして、そして終局的には私自身が滅亡させられてしまうんです。

幸・不幸の背後に、霊の働きあり

例えばどういうことがあるかというと、よくね、これはテレビなんかでもよくやっておりますけどね、霊媒が出てきて、あなたが運が悪いのはこういう霊魂が憑いているからですよとかね、病気になるのはこういう霊が憑いているからですよとかね、家が破滅したのは、自殺したのはこういう霊にそそのかされたからですよとか、よく言いますでしょ。まあ当たっているか当たっていないかは別としまして、現実にこの世の中の幸福といい不幸といいその背後にはその幸福や不幸を進めている霊魂があるんです。原因があるんです。このことを今の科学は知らないんですね。大体霊魂が死んでも生きているってことを知らないわけですから。ましてやその霊魂が感応してくるっていうことを知らないんです。そしてその霊魂が人間の人生の働きに、幸福や不幸を動かす働きをするっていうことを全く知らないんです。

例えば病気なんていうのは全部じゃございませんけどね、七、八割は霊魂の働きと関係があるんです。調べてみるとすぐ分かります。なぜ胃癌になったのか。それは胃癌にさせようとする、体を悪くさせようという恨みを持った霊魂が憑いている場合がしばしばあります。あるいは胃癌で死んだおじいさんの霊魂が本人に頼るつもりで憑いて、感応している場合がございます。みんなうつっちゃうんです。癌に限りません。ノイローゼになった、何でノイローゼになったか、まあ本人にいろんな心配事があってなったかも分かりませんけども、その心配事をして憂鬱《ゆううつ》な気持ちになりますと、やっぱり悪い霊に、低級な霊に感応されてしまいますね、憑依されてしまいまして、その霊の災いでもって一層憂鬱にさせられてしまうんです。気がクシャクシャとさせられる。いろんな身体の故障まで起こってきて精神的に破滅させられてしまいます。精神病に限らず病気の大部分は霊的なものの弊害で起こってくることが非常に多いんです。だからその霊魂を除きますとケロリと治っちゃうんですね。

病気だけに限りません。事業で失敗をした成功をした、背後に霊魂の働きがあるんですね。例えば事業を失敗する、旨い事をやって人をだまして金儲けしようとかね、人を蹴落として金儲けしようとか、やればやれますよ、一時的にお金つかみますよ。人を失敗させて取っちゃってね、人をだまして金儲けをするね、その時悪い霊が来て手伝ってくれるんです。「やれやれ！　あいつだませ、やっちゃえ、滅ぼすの手伝ってやるよ、金儲けろ！」。儲けた！　と思っていい気持ちになっていると今度その霊はその人を滅ぼす。「いつまでもいい思いさせねーぞ」ってね。そして不渡り手形でもつかまさせるような会社と取り引きをさせられてしまうんです。「おいお前、あの会社と取り引きせえ」。

する気になっちゃって取り引きをすると、不渡り手形を食らってボカンとやられちゃうんです。もうお客が寄りつかないような具合にさせてしまわれるんですね。まあ色々な方法でもって邪悪霊は邪魔を致しましてね。旨いことを言って人から騙されるように仕向けたりしまして没落させてしまうんです。必ずそうです。だから事業の成功失敗にもみんな背後に何らかの霊魂の働きがございます。

そのほか家庭内のいざこざ、不和、夫婦仲が悪くて離婚したとか、子供がグレて駄目になったとか、全部と言ってもよい位ね、おおむねこういう霊魂が背後にあって災いをしているんです。

自分の心がけが、自分の人生をつくる

こういうわけで、結論から申しますと、私たちが善人になって良い心がけを持つと、良い霊魂と波長が合って、人生万事が幸福になる、健康にもなるし、家庭もうまくいくし、事業もうまくいく。逆に悪い心を持って悪い生活をしますと、悪人になりますと、邪悪

な霊と、悪い霊と感応同交して健康も悪くなるし、事業も悪くなるし、家庭内のもめ事もできるし、人との関係も悪くなる。現実生活でですね、悪くなっていく、ということになる。これは非常に単純に原理だけ申したんですよ。そうしますとこういうことですね。自分の人生幸福になるか不幸になるかの源は、自分の心がけにあるんだってことになっちゃうんですね。自分の心がけなんです。自分が良い心がけを持てば良い霊魂と感応して現実生活も幸福になる。悪い心がけを持つと悪い霊魂と感応して結果的に人生全般悪くなるんです。原理的に申しますと、簡単に申しますとそういうことなんです。そのことを覚えて下さいね。幸福とか不幸の現象の裏には霊魂の働きがあるっていうこと。そういう霊魂を働かせたのは、元を言うと自分に原因があるんだ、自分の責任なんだと。良い心を持つと良い霊が働いて幸福になる、悪い心を持つと悪い霊が働いて、現実生活全般に悪くなる、これは原理ですね。

病気になる人は、心がけが悪い人か？

そうしますとね、こういう人がいますね。「ハハア、あの人病気しているな、あれは心がけが悪いんだ。よくない人なんだな。あっあの人家庭でイザコザがあるぞ、相当悪人なんだな、あの人。腹の中悪いんだな。あの人は何事も無いから良い人かな」短絡的にすぐそう考えてしまう人ですね。それは必ずしも間違いじゃないんですよ。あの人が病気している、事業がうまくいかない、家庭がうまくいかないのは、やっぱりその人に原因があるのですよ。心に原因があるのですよ。その点では間違いじゃないんですけどね。そこで心霊の勉強を止めちゃうと、なにもかもそこでおしまいになっちゃうんです。それではね、中途半端なものの考え方なんです。確かにその原理は間違いないんだけれども、まだこうなんです。その人が悪い心を持って悪い霊と感応同交しまして、病気になったり不幸になったりするのは、もちろんその人の心がけに何か問題があるのですね。だけれども何でその人邪悪な心がけを持ったかといいますとね、その人は元々悪人でも何でもないんですよ。その人の本体は霊でしょ、霊は神の火花でしょ、神の子供でしょ、完全無欠でもう珠のように光り輝いた善と愛に光り輝いた存在なんです、もともとは。その人が何で悪い心がけを持ったかというとね、神様がその霊を、神の火花を、四つの衣で包んじゃったからなんです。本体で包み、その上に霊体で包み、その上に幽体で包み、最後に厚い厚い肉体で包んじゃって、隠しちゃったからです。神の子を隠しちゃったからです。それで鬼っ子になっちゃやって悪い心を持つようになっちゃったんでしょ。だからこう言いますと責任はむしろ神様にありますね。神様が余計なことせずに、私たちを「神の子」そのままで置いといてくれたら……私たちは悪い心を持つこともないし、不幸になることもなかったんです。本当にそうなんです。「神の子」のままであれば、神様がわざわざ余計なことをして四重の媒体で隠したから、悪い心を持って、悪い霊魂と感応して、結果的に悪くなっちゃやった。神様の責任だ、私はちっとも悪くない、あれは神様が悪いんだって、本当にそうなんです。

　ですけども、なぜ神様はそういうことをなさったと思われますか？　なぜわざわざ「神の子」である我々を、四つの衣で隠しちゃったのでしょうか。鬼っ子にさせちゃったんでしょうか。……神の愛なんです、神の愛なんです。

キリストも赤ん坊では、何もできない

皆さんはあのラファエロという人が描いた聖母子像、まあ絵を御覧になったことあるでしょ。キリストが赤ん坊の時に聖母マリアに抱っこされている絵がございますね。優れた名画でございますね。有名な絵が幾つもございますがね。「神の子」っていうのはあのマリアに抱っこされているイエスの赤ん坊、これが「神の子」ですね。頭の上に光輪、光の輪かなんかありましてね、まさに「神の子」ですねあれは。ですけども、抱っこされているイエスは赤ん坊でございますから説教することはできません。人を救うこと何も出来ない。立って歩くことさえできません。おっぱい飲ませてもらって、おむつを取り替えてもらわなきゃあいけない。面倒を全部みてもらわなきゃいけない。光り輝く神の子でありながら、何も出来ない。自分が神の子であるという意識も持っていない、自覚も持っていない。何も良い事はできないんです、何も仕事はできないんです。確かに悪い事は致しません。神の子で光り輝いておりますけれども現実には何も出来ない。自分が神の子だということも知らない。知らないから、自分が神の子だっていうことを知らないから、別に嬉しくもない、歓喜に燃えてるわけでもない。自分の中に持っている神の能力を発揮することもできない、というわけですね。

大人の神になるために、人生はある

ところが三十三年、いや三十年ですか、経ちますと、イエスは大人になります。大人になりますとどうなりますか？　まったく神と同じような、近いような性質を表しまして、愛に燃えた大人になりまして、人に人間の道を説き、天に昇っていく進歩向上する道を説いてくれる。法を、説法を説く。人を助け、病人を癒す。まさに神と同じような大人になってしまいましたですね。あれはなぜかというと、三十年の地上生活をしたからです、言い換えますと、神の子イエスもやっぱり肉体の衣を着まして、三十年間地上でいろんな苦労をして、勉強をして、修業をして、悩みまわり、苦しみまわり、人との接触もあり、で、抱っこされていた神の子供の持っている隠れていた能力が全部外に発揮されまして、大人のイエス・キリスト、神の如きイエス・キリストになった、私たちも同じなんです。私たちが神になるためには、地上生活で修業をして、苦しみにあったりいろんなことをして初めて自分の持っている、神の持っている火花である、神の性質を外に発現することが出来るんです。

イエスは三十年で発現しました。私たちはもう少し時間がかかるかもわかりませんけども、原理的には全く同じことなんです。要するに、なぜ神様がせっかく神の子である私達を四重の媒体でくるんで隠してしまったのかというと、私達が地上生活をすることによって、いろんな苦労をし、経験をすることによって、自分が神の子だということを知って、神の子だということを自ら知って、自分が持っている神と同じ能力を外に発揮して、いろんな活躍をし、それから自分が神の子だという歓喜ですね、喜び、無上の歓喜を味わう。そして身も心も現実の生活も神と同じような至福の状態になる。このように、神がわざわざ私達を四重の媒体でくるまれたのは、私達を神にするためです。神の子である我々を神と同じように光り輝く英知、愛、の幸福な存在にするためです。であるから、神が私達を媒体で隠されたのは、私達を幸福にするためなんです。私達を神にまで進歩させるためなんです。愛なんです。まあ余計なことをしてくれたと思う方もいるかもわかりませんけども、この神になった時の歓喜、神に近づいた時の歓喜、宇宙をも動かすことのできる能力を発揮することになった時の喜び、生きがい、出来るんですよ、人間はやがて。これはね今ここで、よくもこんなことしてくれた、と愚痴を言ったりしていることと比較にならない無上の喜び、無上の歓喜、無上の幸福なんですよ。

神は神の子である私達を、神と同じような大人の神にするために、私達を地上に置かれ、四重の媒体でくるまれたんです。そして私達はいろんな苦しみを嘗め、悪い事をして、ああしまったと思って、反省をしたり、後悔をしたり、努力をしたり、奮励努力をしたりすることによって、私達は正しい道を知って、そして進歩をして、段々と神に近付き、一段一段と更に幸福なものになっていく、ということになるんですね。

艱難は人が神になるための、神の愛

そこでもういっぺん申し上げます。私達の生活が、現実生活が不幸であるなら、病気をしたり、事業を失敗したり、家庭が不和であったり（これは不幸ですね）、であるのはその裏に霊魂が働いているからです。悪い霊魂が働いているから、それを働かせたのは私達の悪い心があったからだ、あたりまえなんですけどもこれは本当に悪い事と言い切ってしまってはいけないんであって、もともと我々は神の子であって、この神の子が本当の神になるためには、そのような苦しみや、いろんな体験をしなきゃいけない、することによって初めて神になっていくわけですね、ですからいろんな苦しみ、災い、そういうものは実は我々の魂の進歩向上のため、私達の幸福のためにあるんです。ですから人を見て「ああ、あの人は病気している、心がけが悪いんだ」と思うことは、ひとつの原理かもわかりませんけども、単なる表面的な見方にすぎないんです。本当はそうじゃなくって、その人は神になるために勉強してるんです。その人は更に神のように幸福なものになるためにそうなっているんです。今病気をしたり事業を失敗していることは、もっと深い霊的な意味から言うと本当は幸福なことなんです。その人に神に近づく資格ができたから、そうなっていることなんです。それは神の愛の現れなんです。ということです。まあそういうふうにひとつお考え願いたいと思います。これが人間とは何かということを心霊的にごく駆け足でお話し申し上げたわけなんですね。

「霊主肉従」の真理

人間とは神の子、スピリットなんです。しかし四つの媒体を纏《まと》ったために神の子が隠されて、神の性質はどっかにいっちゃって、むしろ鬼っ子みたいになっちゃったんで、鬼っ子になっちゃったから悪い霊魂と感応して不幸がいっぱい出て来たんです。しかしそのような体験をするってことは、神の子である我々、赤ん坊である我々、神の子である私達が、自分が神であることを知って、そして進歩向上して、そして神々になるためです。幸福になるためです。まあこれが人生だということでございますね。したがって人生の目的は何かと申しますと、おわかりでしょうかね、魂の進歩向上です。良い心、美しい心、愛の心を持っていくことです。魂をみがいていくことです。お金をためることだとか、人と競争することだとか、大きな家を建てることだとかではございません。魂をみがくことです。進歩向上、そうすることが良い霊と感応して、結果的に生活も困らず、また健康も得られ、家庭もうまくいく、原理なんです。

要するに、魂をみがけば結果的に、現実生活はすべて調和を持った良いものになっていくんです。お金を十億円儲けようとか、あいつを蹴っ飛ばして出世しようとか、あの人と一緒になるためにあの人を欺いてやろうというような悪い心を持ちますと、目当てのその物は、かりに十億円は一時的に得られたとしても（得られないことが多いんですが、かりに得られたとしても）、そのために悪い心を持ちますと結果的に悪い霊と感応して、結果的に必ず悪くなってしまうんです、破滅してしまうんです。

ですから、私たちが幸福になりたければ、何か物質を求める、物質を変えることじゃなくって、自分の心をみがく、魂をみがく、それが結果的に物質生活も現実生活も良くなるんです。これは原理であり、全く狂いのない真理でございます。これは「霊主肉従」と言うんです。霊魂の方が主である、魂が主である、肉体、物質の方は家来だと、「霊主肉従の真理」と申します。これは霊的真理なんですね。で、人間は皆これを間違えましてね、幸福になるために人をだましてお金を取ろうとかね、人を欺いてあの人と一緒になろうとか、悪い事ばかりをして幸福になろうとしますね。全然間違い、不幸の原理なんです。

人に奉仕する、愛をする、善行を行う、魂の美しい行為をしていく、そのことが結果的に百パーセント幸福になっていく原理なんです。この原理がね、霊魂の存在を知らないために、今の常識や科学が、幸福になる原理を間違えちゃったんですね。これは非常に不幸な事なんです。これが二十一世紀以降になると霊魂の存在がわかってきまして、幸福になる原理はね、魂をみがいて愛の心を持つことなんだよ、そうすると物質の方が後からついてくるんだよ、何もかもついてくるんだ、ということがわかります。早くそうならなきゃあいけない、そうなるために私は心霊の話をしているわけなんですね。以上が「霊主肉従の真理」ということ、心霊の大事な幸福の原理でございます。

第六話　人間とその霊的真理（後半）

何事も人のせいにするな

では次に、「じゃあ魂を磨いて、善人になれば良いのだな。愛情の深い人になれば良いのだな、ああ分かった。じゃあなりましょう」と思っても簡単にはなれませんですね。なろうと思ったって、ちょっと一時間位なったけども、誰かに文句言われたりするとすぐ鬼っ子になっちゃって、「何よ！」なんて言っちゃいまして、だめになっちゃいます。なかなかこの原理を分かっても、なかなかこの魂を磨く、善人になるっていうのは難しいんですよ。そこで次の問題、どうしたら人間は魂の進歩ができるか、善人になれるか、良い人になれるか、どうしたら人間進歩ができるかということを、この研究の上から申し上げます。

どうしたら人間進歩ができるか、魂の浄化ができるかということでですね、結論から申し上げましょうかね、まず根本的な条件がございます、何事も人のせいにしないっていうことです。これが生活の基本にならないと、絶対にと言っていいくらい、幸福になれないんです。魂の進歩ができないんです。これは原理なんです。これは「自己責任」

と申しますね、何事も自分の責任、どんなに自分が不遇であっても、それを、あの人がしたからこうなったんだ、親が悪いからこうなったんだ、先生がしたからこうなんだ、友達がこういうことをして、あの人がこうやってぶつかったからこうなったんだ、環境が悪いからこうした、生まれが悪いからこうなんだ、というふうに決して人や環境のせいにしない。全部自己責任、自分のせいにする。そういう生活態度を取ることが基本なんです。これができないと進歩できないんですね。非常に大事なんです。

じゃあなぜそうかということを申し上げます。原理は簡単なんです、こうなんですね。さっき申しましたすでに半分ぐらいはね。なぜ病気したか、なぜ事業が失敗したか、なぜ家庭が不和か、原理は自分の心掛けが悪かったからでしょ、(悪とは、進歩のために必要な未完成の点と考えて下さい)。心掛けが悪いと健康も事業も家庭問題も子供のことも、全部悪くなっちゃうんです、ですから不幸になったのは自分の心掛けが悪い、自分の責任だってことになるんです。非常に簡単ですね。何かあんまり単純すぎて騙されているんじゃないかと思うけど、騙してるんじゃなくてこれは原理でございます。

人の媒体は記録コンピュータ

だけど、もうちょっと人間複雑なんです、もうちょっといろんなニュアンスがあり複雑なんです。それを申し上げます。それはどういうことかと言うとね、実はね人間の媒体、幽体とか霊体とか本体はね、波長を出してる通信機だと申したでしょ、その通り通信機です。だけど単に通信機じゃあなくって、もうひとつね、コンピュータなんですよ。人間の媒体はコンピュータです。

肉体だってコンピュータでしょ、脳髄で色々な記憶を致しますでしょ、何百億の細胞がございまして記憶を致しますでしょ。コンピュータでしょ。あんまり完全な脳髄はコンピュータじゃあないですね、ちょいちょい物忘れしますからね。しかしね、幽体だとか霊体だとかは、完全無欠なんです。精巧無比なんですね、コンピュータなんです。

どういうことかと言うとね、私達が生まれてからこの世でしたこと全部、幽体や霊体に記憶されてるんです、行《おこな》った行為、全部記録されてるんです、それから言った言葉、全部記録されてるんです。それだけじゃなくてね、思った心、気持ち、全部記録されてるんです。口には出さないけど腹の中で思ったこと、口ではうまいような体裁いってね「あー可愛いお嬢ちゃんですねー」なんて言って、腹の中で「なんだこの嫌な子が」なんて思って、全部その「嫌な子が」までね全部記録されるんですよ。行ったこと、言ったこと、思ったこと、全部記録されるんです。本当かしら、本当なんです。

一度だけ分かるチャンスがございます、それは死ねばですけどね。死んであの世に行きますとね、裁判がございまして、全部一生涯でやったことがテレビドラマのようにワーッと目の前に再現されてきます。コンピュータなんです、我々の幽体も霊体もこの媒体というものは、ごまかせないんです。ところがね、この世のことだけじゃあないんですよ、前世（前の世の中ね、人間は何回も生まれ変わるんです、地上に生まれ変わってきます、何回も何回も生まれ変わってきます）その前世でしたことも全部記録されているんです。そのまた前前世でしたことも全部記録されているんです。前前前世でしたことも全部記録されているんです。こういうしかけなんですよ、ですから悪い心を持ったら悪い霊がついて不幸になる、良い心を持ったら良い霊がついて幸福になるとは申しましたけども、なぜ私達が良い心を持ったり、悪い心を持ったりするかというと、媒体に記録されているコンピュータのせいなんです。つまり私が仮にですね、今までに五十回正直な行為をし、百回悪い行為をしたとします。すると、この私が今嘘をついたりして悪い事をしたとしますね、それはその筈です。私は今までに良い事は五十回、悪い事は百回した、そうすると私の心は百対五十の割合で心が悪いんですよ。悪い性格がもうコンピュータで記録されているんです。だから何か見ましてもですね、今の割合で悪い心の方がよけい出てくるんですよ。だから人を見ると「あいつ憎らしいなあ」って、ついこう思いがちになっちゃうんです。

現在は過去の自分の総決算書

だから、ああ今日は心霊でこんな話を聞いた、悪い心を持つと不幸になると聞いたぞ、じゃあ良い心を持とうかな、「じゃあ改めた、今日から善人になった」と思ってもですね、三日坊主で終わるのはそのことですね。過去に悪い事をいっぱいして、コンピュータにいっぱい記録されていると、三日坊主で悪い記録されたものが出てきますから、やっぱり悪くなっちゃうんです。というわけですから、さっき申しましたね。原理は悪い心を持つと不幸になる、良い心を持つと幸福になる。とはいうものの、心が原理だとはいうものの、その心の奥にはあなたの過去の、前世のすべての行為、すべての言葉、すべての思いが込められているんですよ。何一つ私達が生きて行なったことはごまかしはできません。消えることはございません。その総決算が現在の私達の心を造っております。性格を造っております、人格を造っております、そこで生きているんですよ。そういう意味で現在の私達の幸福だとか不幸だとかいうものは、そういう意味で、過去の前世の行為も全部含めた上で、私達が作ったものなんです。私達の幸福だとか不幸だとかいうものは、過去の前世の行為をすべて含めた上で、総決算した上で、現在私達が作り出しているものがこの私の幸福であり不幸であるという運命なんです。

カルマを消すために再生する

ところがねもうちょっと複雑なんですよ。それはどういうことかと申しますとね、確かに記憶コンピュータで全部記録されてるんですけども、こうなんですよ「業《ごう》」って言葉聞いたことがありますか「あの人業が深いんだな。だからああやって不幸なんだよ」って言うでしょう。これは「カルマ」とも言いますね。何かと言うとね、過去で悪い事を仮に致しますと、人を騙したり、人を殺したり、傷つけたりしますと、これがカルマ、業になりまして、次の世で出てくるんです。これは記録コンピュータに完全に記録されてますからね、ごまかすことできませんですからね、必ず出てくる、これは業、カルマなんですね、それが運命を作ってるんですよ、次の世の。

ただしねこういうことなんですよ、簡単に申しますとね、私達はこの世に再生して生まれてきますね、生まれてきます時にね、過去に私なんか百ぐらい悪い事を致したとしますね。百ぐらいいろんな人を傷つけて、殺したこともあるだろうし、騙したこともあるだろうし、裏切ったこともあるだろうし、かっぱらいもしただろうしね、まあ百あるとしますね。あの世にいきますと反省致しまして私もね、あの世はすべてがアケスケになりますからね、さっき言いましたようにテレビドラマで、「ああやっぱり悪い事はできない、今度生まれた時は少しはまともな人間になろう、ああ私はあの時人を騙したりしたからね、ひとつ今度は騙さない人間になりたいな」とこう思うとしますでしょ、そのために生まれてこようと私は思うんです。で再生する時はね、再生したいと本人が希望して生まれてくるんですよ。何のために再生してくるかというと、自分の悪い心をたたき直すために、この地上の世界という厳しい世界でですね。物質世界は、飯を食わなきゃ生きていけない、人と戦わなきゃ生きていけないような具合にできているわけですね。だから一番自分の魂を鍛えるのに都合のいい所なんです。試練の世界が現実世界ですね。そこで自分の心をたたき直すために、私は正直者になるために生まれてこようと、こう思うんですね、で自分で決意をする、で神界の方でもまあ良かろうってことになるんですね、お認めになるんです。それで生まれてくるんですね。

その時にですね、私に百業があるとしますね、悪い事があるとします、それを全部持って来たら私潰れてしまいますよね。百の業を持ってしょって来たら、私はそれこそ本当の鬼っ子みたいになってその罪の重さで押しつぶされてしまうんですよ。これでは身がもたない。それでそのうちの、人を騙したから今度は誠実な人間として、騙さない人間として生きようという、百業の悪の中のこれを鍛えようと思って出てくるんですよ。だいたいその業だけを持って出てくるんですよ。そうして出生して、その時にこうなんですよ。

環境と運命は自分が選んだ

じゃあどこの家に生まれたらこの悪い心が直せるかなあ、正直者になれるかなあ、今度はやっぱり少し貧乏な家に生まれてみようかな、生活苦と闘いながら正直者で生き通してね、貧乏でも物を取らないように、ひもじくってもかっぱらいをしないように、そして刻苦勉励して、成功する人間になりたいなあ、と例えばこう思ったとしますでしょ。自分の人を騙した心を正直な心に直して生きたいと思いますね。その時に、じゃあ、あそこの貧乏な家庭に生まれようと、で日本はちょっと恵まれているからバングラデシュかなんかにね、あるいはフィリピンかなんかの貧しい国に生まれてみようとか、色々選択をするんです。でそのフィリピンの中でもあの家庭が良いだろう、あの親が良いだろう、という選択をするんです。で自分の心を鍛え直すのに一番適した国、一番適した親、家庭を求めて生まれていく。これが再生なんです。でその時にね、運命も大体決めちゃうんです。

こういうふうに自分で大体の自分の運命のコースと環境を選択するんです。それが神界で審査されましてね、ああ君にはこれが適当だろうと認められると許可が下りる。そして生まれてくるんです。このように私たちは生まれてくる環境と、それから運命の大体の所を、自ら自由意志で選択をして生まれて来ているんです。

ただし地上に生まれて来るとケロリとそのことを忘れる仕掛けになっている、肉体の衣を着まして忘れる仕掛けになっている、白紙みたいになってね。ですから再生はそういう内面がございますから、こういうことですね、人間はよく貧乏な家に生まれたとか、へんぴな所に生まれたとか、田舎に生まれちゃったとか、いやな親の所に生まれちゃったとか、言うけどもそれは全部自分が選択したものなんです。自分のために、自分の魂の進歩のために選択したものなんです。またこんな運命になってとぐちを言うけども、その運命も自分が大体の所は選択したんです、決めたんです。また細かい運命は自分が生まれてからその時々持った心がけによってですね、良くもなり悪くもなってきているんです。こうやって見てきますとね、人間の運命だとか環境っていうもの、全部自分が作ったものなんです。

今日は皆さんこうやってお集まりになってるけど、こういうご縁も、元は自分が作り出しているんです。もちろん、ここへ行きたいなと思わせる霊が働いたから、今日はおいでになったかもしれませんけど、それだって自分の心がその霊を呼んだからそうなっているんです。ということは、人間は自分のコースは自分が選んでいるんです。言い換えますと、霊的な話を聞くコースは、あなたがたが一生のコースの中に決めていたかもわかりません。こういう話を一生涯聞かずに終わる方もたくさんいるわけでしょう。あなた方がお聞きになったってことは、私はある時期にそういう話を聞いてそれを自分の知識として、そういうふうに生きていこうという、チャンスを作ろうという運命をお決めになっていたんじゃないかと私は思います。

ここにおいでになれない方いっぱいいるわけね。でも皆さんがおいでになったってことは、家庭の状況が来れる状況になってたからですね。ご主人も理解があるとか、お子さんも足手まといにならないとか、あっても何とかその時はできたとか、そういうご主人と結婚したからです。そのご主人を選んだのはあなたがたです。勿論この世の中でお見合いしたんだか恋愛したんだか知りませんけども、選ばれたんでしょうけども、生まれる前から結ばれる方はある程度まで決まっているんです。結婚する相手、縁のない方と絶対結婚しません。前世でなんかの縁がある、過去においても夫婦だったとか、兄弟だったとか、親子だったとか、友達だったとか、ここに我々はおりますけどもね、前世であるいは前前世で何らかの縁があったんです、「袖すり合うも他生の縁」とはそういうことなんですけどもね。こうやって触れ合うのも、言葉をかけ合うのも、話し合うのも、顔を見合わすのも、前世で何かの縁があった、そこで皆さんがその旦那さんと結婚されたっていうことは、昔から縁があったんだし、生まれる前から縁があったのかもわかりませんし。あるいは結ばれそうな何人かの候補者があって、縁があって、その中で皆さんがこの世に出てきて選ばれたかもわかりません。とにかく皆さんが選ばれたことには間違いない。自ら選択したから今日はこうやっておいでになれるような家庭環境になっていたんですね。というわけで全部、ここにおいでになったっていうことは皆さんが何らかの意味においてお決めになったことなんです。自己責任なんです。

人の作るいろんなカルマ

このカルマっていうものはいろんなものがございましてね、一、二例を申してみましょうか。この頃はね不倫なんてことがはやりますね、よろめき。よく新聞の投書なんか見ておりますとね、私今こうやってよろめいているんですけども主人に打ち明けたもんでしょうか、とかね、色々ありますよね。たいていの人「いやーそれは打ち明けない方が良いよ、知らない方がね、幸せなんだから、言っちゃいけませんよ」なんて言ってますけどね。まあそれはこの世の知恵かもわかりませんけどね、あれ駄目なんですよ、死にますと全部ばれる。旦那も来てスクリーンで見ますよ、「お前やったじゃないかこういうこと」って、で、あの時だまそうと言わずにおいたこと全部ばれる。後だとよけい悪いんですよ。「お前よくも騙したなー」ってわけでよけい怒られちゃいましてね。恨まれまして、でもそれだけでなくってですね、後でばれて困るってことだけじゃなくって、不倫をして隠しとくでしょう、うまくばらさずにおくでしょう、ところが二重の悪い事をしているんですよね。不倫という悪い事をした上に、相手にも言わずに騙しておくという、二重の悪い事をしているんです。二重の悪い事をしているから悪い波長がこんなに出ているんです。良くない霊と感応しております。そうするとその人は不倫の方ではうまくいったかもわかんないけども、そのほかの方でうまくいかないとか、失敗するとか、あるいは不倫が原因となって身を破滅するとかいうふうに、邪悪霊によって引き回されてしまうんです。だから不倫をしても言う方が良いか、言わない方が良いか、どっちも良くないんです。大体不倫そのものが良くないんです。

そこでこれはまあ別の話ですよ。こういう人がいますね、貞淑な妻であるのに、この人は身持ちの良い貞淑な妻であるのに、旦那がどうしようもない女道楽でね。もう次々とこう作ってね、どうしようもない。しかしその妻は貞淑に夫に仕えている実にけなげな、しかしその旦那はそれにしちゃあひどすぎるんじゃないか。これは誰が見たって気の毒ですね。まあ奥さん本人にしてみれば運命をかこつということになるかもわかりませんね。悪い夫をつかまえたってことになるかもわかりませんね。運命が悪かったけど、しかしこれね、心霊的に高い所から言いますとね、やっぱりその奥さん本人が作った運なんですよ。選んだ運なんですよ。大抵こうなんですね、全部じゃありませんけどね、前世かで、あるいは前前世かで、その奥さんがやっぱり自分の旦那か、誰かの旦那を裏切った。不倫をしたっていうことがある場合にその裏返しで出て来ることがあるんですね。言い換えますと、これはねどんなに不倫ということがひどいことであるか、貞節であることがどんなに大事なことであるかを知るためにはね、自分がその立場に陥らないとわからないんです、どうしたってわからないんです、話に聞いただけでは駄目なんです。あの世にいって反省したぐらいじゃわからないんです、ああ悪かったなと思っても、現実に自分がその身にならないと、腹のそこからそれが悪いってことがわからないんです。だから貞節な妻であっても、あの世に行ってずいぶん反省してきたけども、本当にそれを知るためにその人はその運命を選んだかもわかりません。逆境のね、裏切る夫と結婚する運命を選んだかもわかりません。全部が全部そうとは限りませんが、おそらくそうでしょう、だからそうなんです。カルマっていうのは恐ろしいんです。

カルマは神になる進歩のためにある

だからカルマっていうのはよくね宗教では懲罰だと、罰だというけど、罰じゃないんです。貞節だという美徳を知るためには、自分が体験しないと絶対にわからない。身に沁みてわからないために、そういう不遇な運命になったんであって、自ら選んだんであって、それはすべて魂の進歩のためなんです。言い換えると、その人が進歩して神になるためなんです。進歩してより一層実際に幸福になっていくためなんです。そのための魂の修業のために人間てものはね、生まれ変わり立ち替わりそうやって色々な運命をたどっていくんです。しかしその根本にあるのは、全部原因は自分が作ったんです。種は蒔いているんです。あるいは運命は自分が選んだ、そういうことなんですね。

あるいは目の悪い人がいるでしょ、目の不自由な方ね、生まれつき。あるいは途中で子供の時にけがか何かで目が見えなくなった。気の毒ですね、目が見えないってことは。よくこう前世調べてみますとね、こういうことがあるんですよ。前世かなんかでね、目の不自由な人を軽蔑したり、あざ笑ったり、笑い者にした、いじめていたという前世がある、目の不自由な方はどんなに辛い事かということを知るためには、自分が目が不自由にならないとわからないんです。だからその人は今度は目が不自由になって生まれてこようという決断をして再生してきたかもわかりません。おそらくそうかもしれません。じゃあ目の悪い人は全部前世で盲人をあざ笑ったかというと、そうとは限りませんよ。自分の魂を鍛えるためにわざとこういう運命を選んだ方もあれば、目が見えないことである使命を達成しようということもありますからね。ヘレン・ケラーは目口耳の三重苦の聖女でした。そのほかにもいろんなカルマの原因ございますからね。ただここでは目の悪い方のカルマにはそういうことがあるという例を申し上げたのです。同じように足の動かない方の中には、前世で足の悪い方をあざ笑ったということがある人もあります。というふうに全部カルマっていうのがあるんです。それは実は自分が行なった罪をですね、どんなにそれが悪いものかを自分で自覚するため、魂の進歩のためにそういう仕掛けになっているんですね。こういうわけでございまして、自分の環境も、自分の境遇も運命も、全部自分が選んだんです。

肉体さえも自分が作った

　この肉体だってそうですよ、自分が選んだんですよ、自分が作ったんですよ。「嘘を言いなさい、この体は親からもらった、親の遺伝子のせいでこうなってんでしょ。私はもっと美人になりたい、もっとスマートになりたかった。こんなになったのは皆親のせいですよ」大抵そう言いますね。まあ百パーセント医者もそういうふうに言いますね。そうじゃないんです、大部分は自分が作ったものです。今の肉体、自分が選んだんです。これはさっき申しましたように、媒体は全部記憶コンピュータでございます、で次の世まで持って行かれます。で肉体の原形も持って生まれてくるんです。肉体のエーテル原子の、一番過去の前世から全部、圧縮された種原子を持ってくるんです、それがもとになるんですけどね、ですから肉体も自分が作ったんですよ。

　ただしですね、肉体は幽体なんかと、ちょっと違うところがあるんですけどね。さっき言ったように親を選ぶでしょ、あの親に生まれたい、この親に生まれたいということがございますね。今度はスポーツ選手で生きようと思ったら、体の丈夫な、そういうスポーツマンの親の所を選んで生まれてくるんです。今度は女優になりたいと思ったら、美人の親の所を選択して生まれてくることがあるわけですね。そういうことがございますから、そうしますと親の遺伝子も大分関係があるんですよ。しかし基本は、自分の性質と合わない親の遺伝子は受け取ることはできないんですよ、原形は自分なんです。そして親は選ぶけども、その親の持っている遺伝子の中で自分の持っている原形と合うものだけを受け取る。ですから同じ兄弟でも、同じ両親から生まれるけど、兄弟でずいぶん違うでしょ。そうなんです、本質は自分にあるんです。ただし親の遺伝子もたくさん受ける。

ああそうだ、そしたら今度は親を選んで絶世の美人になって生まれてきてやる。できますよ、そういう親を選べばね。相当にそれに近くなるからなれますよ、じゃあ私なぜそういうふうに選択して生まれてこなかったの？　まあ今度はそうなさってもいいですけどね。そうしなかった、何故しなかったかというとね、美人に生まれるかどうか、スマートに生まれるかどうかっていうことは、再生の時ちっとも本人の心にないんです。何故再生したいか、自分の魂を鍛え直したいからでしょう、自分の悪い欠点を直したいんでしょう。それが先に立っていますから美人かどうかじゃないんですよ。私はこの嘘つきを直すためにはむしろ不美人に生まれた方が良いんだとかね、不細工に生まれた方が良いんだとかね、ふとった人に生まれた方が良いんだとかね、そしてその屈辱に耐えるんだとか、そこから頑張っていくんだとか、ということが先に立っちゃいますから、それにあったような親を選んでいるんです。ということがございます。まあ余談に入りまして、そういうことで肉体すらも自ら選んだもの、作ったものでございます。

何事も人のせいにしない、これが進歩の原点

だから何の責任も、人にも親にも言うことできない、全部自分が選び自分が作ったものです。ですからこれが人生の真実です、霊的なものが分かりますとそれが分かります。そこでね、根本においてこのことを知りまして、すべて何事も人のせいにしないっていうことを人生の基本にすること、これがもう根本の立場なんです。これなくして魂の進歩、浄化、言い換えますと、幸福になることは不可能です。神のように進歩することは不可能なんです。これは人生の真理なんですよ。こういうわけで自己責任と申しますか、何事も、どんな不幸であっても、どんなに人から嫌なこと悪い事があっても、根本にお

いては自分が作り、自分が選んだっていうことを、土性骨から知ることですね。そのことは自分の魂の浄化のために必要なんだ。この不幸は自分の魂の浄化のために必要なんだと、魂の浄化っていうのは、自分がそのことによって本当に幸福になることなんだ、神のようになることなんだ、だからそのために根本において何事も人のせいにしちゃあいかん、環境のせいにしちゃあいかん、世の中のせいにしちゃあいかん、ということを土性骨からお持ちになることが進歩の原理でございます。

さてこうして、何事も自分が作ったものだということがおわかりになりますと、色んな不幸、災い、苦しみ、苦難、ということに感謝の念が出てくるんですね。そうか、苦しみ、不幸、災いが起こったってことは、これは私が作ったものか、根本において。それによって初めて私は魂が磨かれて進歩して幸福になるのか。苦難というものは、災いというものは、本当はありがたいものなんだな、私の進歩のため、私が結局幸福になるため、私のためになるためなんだと、これが苦難、災い、不幸の本当の意味でございます。

世の中の人は皆間違えちゃうんですね。悲しいもんだ、苦しいもんだ、もう逃げたいもんだ。そうじゃなくって、本質においてはあなたの進歩のため、あなたの幸福のため、なくてはならないもんであなたが作ったものなんです。で、苦難に感謝するってことが人生の正しい態度であるってこと、これができないというと進歩できないっていうこと、ひとつお考えおき願いたいんですね。

人生の道は、感謝、そして奉仕

以上がわかると次はね、人様には愛を持たなきゃいけない、万事奉仕をしなきゃいけないということ、これは人間の道だ、これは真理だっていうことが分かってくるんですね。何故かと申しますと、苦難、災いっていうものは一人では作れませんね。喧嘩をする争いをするね、人に騙された、あるいはこっちも騙した、人生万事、色んなできごとは人様があって初めて起こってくることですね。この地上生活で生きるってことは、地球上に私が一人でいたんじゃあ出来ませんですね。人様があるから色んな接触があって、経験が起こってきて、経験によって進歩するし、まあたまには苦難があってそれによって進歩するし。人様があるから人生経験があるんだ、苦難もあるんだ、だから自分は進歩できるんだ。だから私は最終的に幸福になれるんだ、神になれるんだ、というわけですから、人様に感謝しなければいけないっていうことが出来ますね。

それだけじゃあございませんね。大体この生きていることが我々の修業のためにあるんですけど、進歩のためにあるんですけど。地上生活するための衣食住を一人で作るわけにはいきませんからね。これは子供でも知っていますよね、衣食住は全部人様が作ってくださって生きておれるわけですから。まあそこから言っても人様には感謝して、お返しをしなきゃいかんていうことが分かりますね。

それだけじゃあございませんですね。例えばこうやって心霊の話をお聞きになって、ああ今日はいい話をちょっとばかり聞いたなと思われるかも分かりません。それはこの私というものがあって話をしたからですけど、まあ私に感謝しろとは申しませんけども、まあそういう人があったから話が聞けた。しかし私はこの話をやっぱり他の人から聞いたわけなんですよ。教えてもらったり本で読んだり、人があったから私はこの話を聞けて、それで皆さんにその話をすることができたというわけです、人生の教師は人様なんですよ。

しかし、いや世間は教師ばかりじゃない。悪いやつもいて泥棒もいれば騙す奴もいて殺人者もいるじゃない。いや我々はああいうものを見まして、悪い人を見まして、ああいうことをしちゃあいけないなあ、ああいうことをしたら不幸になるなあ、ということを知るわけで、悪い人を見て、これは反面教師という言葉で一応言いますね。やっぱり我々の勉強になる、魂の進歩のためになる。ですから人は一人として反面教師、あるいは本当の教師、何らかの教師なんです。衣食住を提供してくださる方なんです。また我々にいろんな人生経験を与えてくださる方なんです。それがあって初めて我々はこの世に生きて、魂を進歩させて、結果的に神のようになって幸福になれるんですから、人様には感謝をする、奉仕をする、私達も何かお返しをする。人様にお返しをすること、これは人間の道なんですよ。人一人として自分の役に立ってない人は一人もいないんです。ですから自分も人様に奉仕をすること、愛を持つこと、これは人生の根本の道なんです、だから人生の道というのは奉仕です、愛です。これはキリストも釈迦もそのとおり説いてくれている。これはもう根本原理なんです、こういうわけですね。

愛がすべてを変える

では次に、この愛っていうものは、奉仕っていうものは、どんなに大事なものであるかということを申しあげます。自分が幸福になりたいと思ったら、奉仕に生きないと駄目なんです。愛に生きないと駄目なんです。自分の子供を幸福にしたいと思ったら、自分が奉仕に愛に生きないと駄目なんです。たとえば悪い人がいるとしますね、自分に悪い事ばかりする人がいるとしますね。その相手の悪いと思われる人を好い人にして自分に親切な人にするには、自分が愛を持たないと駄目なんです。言い換えますとね、人を変えるのは愛、人を良く変えるのは愛なんです。自分を良く変え進歩させるのも愛です。世の中を良くするのも愛なんです。それ以外にないんです。

何故そういうことが言えるかと言いますとね、こうなんですよ。例えば私に悪い事をする人がいるとしますね。普通は「この野郎」って憎んだり、仕返しをするところですけども、仮に私が愛の心を持って対処したとしますね。どんなに騙されても、蹴飛ばされても、その人のためを思って親切に、影になり日なたになり何かをしてあげたとしますね。何時かわかってくれるんですこれを。すぐわかるわけじゃありませんよ、何時かわかってくれる。なぜかというと、これは心霊的に原理的に言うと非常に明瞭なんです。私が愛の気持ちを相手に持ちますと、愛の波長ですね、私の本体や霊体から出た細かい精妙な、愛の美しい波長が、相手の方に行くんですよ。相手に向かって電波を発しているんですね。しょっちゅうそういう電波が来ますから相手もいつかそれに反応するんです。なぜ反応するかというと、相手も本当は神の火花、神の子なんです。そういう波長をどんな悪人でも内部に持っているんです。神の子ですから、少しでも持っているんですね、愛の火花を少しでも持っているんですね、ただ出てないだけで。だから私がしょっちゅう愛の火花を何回も屈せずに出しておりますというと、いつかその火花に同調致しまして、ピリピリッとくるんです。そしてその人は改心をしてくれる。

だから非行少年、あるいは悪い人、この人を立ち直らせる方法はひとつしかない、こちらが愛を持って対することです。そうすると愛の波長がいつか通じまして、その人はフッと目が覚めるんです。そして相手も愛の心を持つ人間になるんです。愛の心で波長が合いますと、相手の方も「ああ、あの人私のことを思ってくれているのかな、嬉しいな」と思うでしょう、ありがたいなあと思うでしょう。その心を持ちますと、相手にも守護霊というのがいまして、良い霊がいまして、加勢をしてくれるんですね。その愛の心を何倍にもウワーッとふくらしてくれるんです。でその人の全身に愛の心が満ちていく、これが改心というんですね。

ですから、相手を良く変えたいと思うと、恨んだり仕返しをしたりしちゃあいけませんで、こちらが愛の心を持つことによってのみ、相手と波長が通じて、初めて相手が改心して愛の人間になっていく、立ち直っていくんです。このように相手を良くしていく方法は、自分が愛の心を持つ以外にないんです。

愛は自分をも変える

それからね、こちらが愛の心を出しますと、自分の方ももっと愛の心を持った素晴らしい人間になっていくんです。なぜかと申しますと、自分のやったことは全部幽体に記録されて一つも失われることはないと申しましたね。私が繰り返し繰り返し愛を持ちますと、その度に、「愛を持った・愛を持った・愛を持った」という美しい印が全部私につけられまして、私はますます愛を持つ人間になっていきます。またその時私が持った愛の心は、波長の原理によりまして、私の守護霊や善霊を呼び寄せて、私の愛の心を何倍にも増加させてくれるんです。ということがございますんで、私自身が、本当は向こうから恨まれたり、悪い事をされているのに、それに屈せず私が愛の心を持ち続けますと、それによって私は、一層善良なる愛の人間になっていくんです。

それと同時に相手もそれで愛の人間に変わっていくんです。それだけでなく私自身の環境、生活環境が幸福なものに変化していくんです。すなわち愛の心を持ちますから良い霊が感応してきまして、家庭生活も事業もそれから健康の面も、善霊の働きによって良いものに変化されていくんです。こういう仕掛けがございますので、なぜ釈迦やキリストが愛を説いたか、慈悲を説いたか、愛こそは自分を変え、人を変え、世の中を変え、幸福にしていき、進歩させていく原理なんですよ。それだから説いたわけなんですね。

自己責任↓苦難に感謝↓奉仕、これが進歩の原理

以上が大体どうしたら人間進歩していくかのポイントでございます。で、そのポイントは最初に申し上げましたように、何事も人のせいにしない、運命も環境も、幸不幸もすべて自分が作ったもの、一分一厘それ以外のもの人が作ったものはない。全部自分が種を蒔いているんです。だから何事も自分の責任です、これが根本です。

その時にいろんな苦しみや災いというのが自分の進歩のためにある、ということがわかって苦難に対して感謝が起こってきます。苦難に感謝ができるようになると、人生のすべての出来事は人様があって初めて起こってくることなんだから、人様があって初めて自分が進歩し、結果的に神になり幸福になるんだから、人様に私もお返しをしなきゃいかん、奉仕をすることは人間の生きる道なんだなあ、ということがお分かりになる。で、奉仕をするってことは愛を持つってことは、自分を進歩させるだけでなく人も変えていく、世界も良くなっていく、そして自分が幸福になっていく道なんだなあ。以上が心霊的に申しまして進歩の原理でございます。

母親のする神のような仕事

そこでもう一言だけ付け加えておきます、長くなって恐縮ですが、人間には世の中に対する責任がございます。皆さんは家庭の主婦でございますから家庭に対する、特に子供に対する責任がございます。それから人間でございますから世の中、世界に対する責任がございます。こういう世の中や子供に対する責任を果たすようにして頂きたいと思うんですね。じゃあどうしたら責任を果たせるか、子供は良い子供に育ててもらわなきゃいけないわけですね。母親っていうのはね、神様と同じように大変な仕事をしておられると思う。第一に子供を産むでしょ。神様が人間を創造したのと同じように母親は子供を産むわけですね。それだけじゃあなくってね、産んだ子供を改造していく、良い方にも悪い方にも改造していくのは母親なんですよ。もちろん父親の影響もありますが、特に母親の影響が大きいですね。

なぜかと申しますと、赤ちゃんが産まれてくる時に肉体を持って産まれてきますね。ちっちゃいながら五体全部そろっております。指も五本あるし、目もちゃんと二ついてるしね、大人とまったく同じ形です。ただちっちゃいだけで肉体は完全で産まれてくるんです。ところが人間には肉体の他に媒体が色々あると申しましたね。幽体だとか霊体だとか本体だとかあると申しましたね。その中の幽体は生まれた時に形が出来ていないんです。産まれてから形成されていくんです。芽はありますよ。前世で自分が作ってきた、前世で自分が作った幽体の芽は持ってますよ。つまり種原子は持って産まれてきますよ。ですけどもこれをちゃんと一人前の人間としての幽体を作っていくのは産まれてから七歳位までなんです。幼稚園時代なんです、その間に幽体が作られていくんです、そういうことなんです。

そこでね、幽体はさっき申しました、感情の媒体だと申しましたね。良い感情を持った子供になるか、悪い感情を持った子供になるかをこれから決まっていくんです。理性の発達した子供になるか未発達の子供になるかはこれから作られていくんです。勿論ね本人が持って産まれた前世から作ってきた、感情なら感情、原形はありますよ、理性なら理性の原形はありますよ。それが七歳までに形をとっていくんですが、その間に作られていく間にいろんな印象を与えて幽体のコンピュータにいろんな記憶をさせていくことが出来るんですね。新しくソフトを入れましてねコンピュータにいろんな記憶をさせることが可能なんですよ、七歳までに。そこで良い家庭をお作りになりますと、要するに良い雰囲気良い環境をお作りになりますと、子供の幽体が作られていく時に良い影響がたくさん印象されていくんです。で、良い人格良い性格の人間に変わっていくんです。勿論持って産まれたものがございますからこれは動かし難いんですけども、それにプラス良いものがたくさん、環境さえ良ければたくさんプラスされるんです。

それから七歳位までの間に、過去にその子供が悪いものを悪い因子を前世で持っていたとしましても、七歳位までの間にそれが発揮出来ないように、使われないように、良い環境を作っておきますとね、せっかく因子を持ってきても、悪い因子衰えてしなえてしまって栄養失調になってね形をとらなくなっちゃうんです。だから過去に悪いものを持っていても、七歳位までに使わなければ未発達でしなえてしまう。逆にいい環境を与えると良いものが新しく倍加されていく。持って産まれた良いものがあると更にそれが強くなっていく。これはね心霊でしか分からないですけどね、その媒体が七歳位までに作られていくから、その間に家庭の環境が非常に大きいってことなんですね。良い教育を与えると非常に子供をうまく改造出来るってことです。善人に改造出来るってことですね。

で、これは小さい時ほど効果があるんです。だから胎教ってものが一番重要ですね。良い人間にしたい、あるいは音楽家にしたいと思ったらウント良い音楽でも聴かせれば良いんです。演歌ばかり聞かせるとちょっと程度が下がってね、名曲聴かせると大分上品になるかも、なりますよ、というふうに胎教が非常に重要です。それだから産まれてからちっちゃい時が非常に重要です。そのようにして良い環境を与えますことによって、良い子供に改造出来る。だから母親はね、子供を産むだけでなくこれを作り替えていくことが出来る、大変な仕事なんです。だから主婦の仕事、母親の仕事って非常に大事なんです、人生で最大の仕事はね、この主婦の仕事じゃないかと心霊的には言うことが出来るんです。ただ皆これをばかにするんですけどね、だから世の中だめになっちゃうんですね。

子供の教育のポイント

そこでねどういう家庭が良い家庭なのか、どういう教育をしたら子供が良い子供になっていくのか、それはもうすでに申し上げました。何事も人のせいにしないっていうことが基本的に子供に植え付ける一番大事なことなんですね、これはもう根本で、これさえ植え付けておけば良いって言うぐらいですね。何事も人のせいにしない。わがままな子っていうのは全部人のせいにするんですすね。わがままな子っていうのは自分をこっちに置いといて何事も全部人のせいにしてしまう。そういう子に限って人が幸せになるとひがんだり恨んだり嫉んだり色々なこと致しますすね。で、わがままないろんな欲望を持ったりね。これが結局、将来、低級霊を招いて自分を不幸にする原因なんです。ですからわがままな子に育てちゃいかんと言うんです。基本はですね、何事も人のせいにしない強い人間に育てるってことが基本でございます。これは根本なんです。これさえやっておけばもうその子は立派に素直な性質と強い独立心とやる気を持った人間になっていきますすね。

で、勿論その次に、物事に感謝をしたり、愛というものを教えてあげるんですね。人に対する思いやりの心、奉仕の心を教えてあげるんですね。で、そういうふうに致しますと、これはもう子供は間違いなく立派な子供になっていきます。持って生まれたものが、子供が良いものを持っていればますます素晴らしい人間になる。仮に悪いものがあったとしても大いにそれは是正されて良い人間に変わっていく。こういう作り替える仕事をしなきゃあいかんてことなのです。

だけどそういうことを申しますと、ああそうか、じゃあ今から何事も人のせいにしないように、愛を持つようにこれからしょっちゅう子供に言ってやろう。「いけませんよっ！　ほらっ、愛の心もちなさいっ！　人に親切にしなさいっ！　人のせいにしちゃあいけないでしょっ！」と、自分は勝手に人のせいにばかりしてたりね、人の悪口ばかり言ってたり、噂ばかりしてたりね、人をいじめたりっていうことをよくやってるくせにですね。子供にばかりガミガミ言ってる。これでは子供が言うことを聞きません。それはまずいんでね。

子供の教育とは、母親の実践

教育、子供を育てるいい環境を、家庭を作るってことはね、主婦が自ら行うことなんですよ。子供にガミガミ言うことはないんですね。母親が自ら何事も人のせいにしないっていうことなんですよ。そういう人生を送られるっていうことなんです。そして感謝をして、奉仕と愛の生活をしていくっていうこと、実践なさるってことです。そうしますとね、わざわざ子供に口すっぱく言わなくったってね、子供は自然にそうなっちゃうんです。

なぜかと申しますとね、母と子はへその緒は切断しますよ、産まれて切断しますけど、魂の緒はつながっているんですよ、紐があるんです。なぜその子供があなたを母親として選んで産まれてきたか、再生の時にね、選択したんです。あーあの人お母さんとして産まれたいな、あの家庭に産まれたいなー、あの人と一緒に生活したいなーと選んできたんです。選ぶにあたってはその前の前世からの縁があったわけなんですよ。えにしがあったわけなんです、だから選んできたんですけどね。で、産まれてくることによってますます縁が深くなっていくわけなんです、ですからへその緒は切断したけど、目に見えない霊的な緒がつながっているんです。最も強く母と子の間につながっております。で、つながっているってことはね、母親の心がすぐ子供の心に影響を与えるんです、伝わるってことなんです。非常に大きな感化を持っている、何となれば縁と言いますか愛と申しますか、そのつながりっていうものがね、心と心を通わせる最大の血管なんですよ。ですからお母さんが何事も人のせいにしない奉仕の、感謝の生活をしますと教えなくったって子供にみんないきます。子供は自然にそういうふうになっていく。子供の幼い媒体はですね全部そういうふうにコンピュータに記録されていきます。

で、子供が現実に悪い事をした時怒ってやれば良いんですね。何かあって人のせいにした時はバンと怒ってやる。ものを大事にせずに粗末にした時はバンと怒ってやる。人に意地悪をしたらいけないと教えてやる。ということだけをして、悪い事をしたら教えてやってそして日常は母親自身が今言った魂の進歩の道をお歩きになっていれば、自然にそこに良い家庭が出て来るんです、愛の家庭が出てきます。これが子供を育てる原理なんです。

本当の世界平和とは何か

それから人間はね子供を育てるだけじゃあなく、世界に対しても、世の中に対しても責任があるんですよね。今はもう核戦争の起こりそうな時ですから平和をね作らなきゃあいけないでしょう。世の中乱れておりますから世の中良くなるように貢献をしなきゃあいけないでしょう。どうしたら良いか。じゃあ家庭の方は半分にしといてプラカード持って核反対とか何とかってねデモに行かなきゃいけないか。どっか施設にでも行って奉仕をしなきゃあいけないのかと。まあ、しても悪くございませんけども、しなくたっていくらでも世界平和に尽くせるし、いくらでも奉仕が出来るんです。

じゃあどうすればいいかって？　これは霊的な原理が分かってればね、波長の原理が分かってればすぐ分かっちゃうんですね。例えばプラカードなんて持たなくていいんです。家庭で大根を刻んでもお米をといだり人参刻む時でもいいんです。心を込めて、愛の心を込めてこれをなさるっていうことです。お隣の奥さんと話をする時でも意地悪をせずに、愛の心で奉仕の心で。で、近所に困っている人があったら何か助けてあげる。家庭の中も良い家庭を作ろうと思って心を砕く。その愛の心、奉仕の心を持ちますと、あなたの心から愛の波動がズーット出てますからね。その波動が、この波動が宇宙に広がって行くんですよ、で、その大根を刻む時の愛が深ければ深いほどその波長は素晴らしい波長となって世界に広がっていきます。世の中が良くなるか悪くなるか、この波長なんですよ。人の発する波長が良い波長か悪い波長かで決まってくんです。だから何をしてたって良いんです。大根刻んでいても良いし洗濯していても良いし繕い物してても良いし掃除してても良いし、その時の愛の奉仕の心が強ければ、直接世界に影響を与えるんです。それが世界の平和を作っていくんです。

で、よくね、プラカード持ってね、何とか反対なんて言ってね、「戦争反対！　核反対！　コノヤロー！」とか言ってね、罵倒しながら、あれはね平和を作っているんじゃなくて平和を壊しているんです。戦争を進めているんです。だから私はああいう平和運動はちっとも平和運動じゃないって言うんですね。むしろ愛の行為を行うこと、奉仕の行為を日常行うこと、そのことが平和を作っていく基本なんです。世の中を改善していく基本なんです。だから誰でも世の中を変えていく資格を持っている、資格者であり力をもっている。で、何を今しているかは問題じゃないんです。そのやっていることに愛の心を込めて行うということです、それが世の中を改善し平和にし幸福にしていくことと直接つながっている。

よく奉仕をせえと言うと、施設にでも行ってねしなきゃいかんかといって、家庭のことほうり出して、家族には店屋もんかなんか食わせててね、子供にはね「あーうるさいわね！」とか叱り飛ばしておいて、施設に行って一所懸命。あんなものはだめですね。まず家庭を納める。さっき申しましたように家庭を納める。それだけでも立派な家庭が出来るだけじゃなく、立派な子供が出来るだけじゃなく、世界そのものを平和に改善して、良いようなふうに平和を作り変えていってるんです。ですからちっとも心配いらないんですね。

もしその人が、社会的にも進出をして平和運動だとか、もっと大きな奉仕事業だとかするような、運命と申しますか、資格と申しますか、道を持っておいでの方でしたらその道は必ず開けていきます。まず自分の今やっていることで奉仕の生活をなさって、そこから道が開けていきます、思わぬところで道が開けていきます。こっちに来て奉仕をして下さいとか、こっちで平和運動をして下さいとか、こんなことをして下さいとかい

うことになってきます。それはその人の持って生まれた使命と申しますか、役割という
ことでございまして、器っていうことがございましてね。しかし、そういうことを外に
行ってするかしないかではなくて、人間は自らが何事も人のせいにせず、愛と奉仕の心
を持って日常生活を誠実に行う時に、自分も幸せになり、子供も家庭も良くなり世界も
良いものに作り変えていくと、こういうわけです。

これは心霊的にいったら原理でございますね。だから個人の力って大きいでしょう。
世界も変えていくんです。自分の運命も変えていく、子供の運命も変えていく、世界も
変える。なぜかというと、人間は神の子だからです。神と同じ力をもともと持っている
からです。それを発現する方法を私はお話し申し上げたわけですね。

じゃあ今日はここまでお話をさせて頂きまして、もし質問がありましたら。有り難う
ございました。

桑原《くわはら》　啓善《ひろよし》（ペンネーム　山波言太郎）

一九二一年生まれ。詩人、心霊研究家。一九四二年より前田鉄之助の「詩洋」同人。日本詩人クラブに一九五〇年創立の年より所属。不可知論者であった学生時代に、心霊研究の迷信を叩こうとして心霊研究に入り、逆にその正しさを知ってスピリチュアリストになる。浅野和三郎氏が創立した「心霊科学研究会」、その後継者脇長生氏の門で心霊研究三十年。

一九四三年学徒出陣で海軍に入り、特攻基地で戦争体験。一九八二～八四年一人の平和運動（全国各地で自作詩朗読と講演）。一九八五年「生命の樹」を創立してネオ・スピリチュアリズムを唱導し、でくのぼう革命を遂行。地球の恒久平和活動に入る。一九九八年「リラ自然音楽研究所」設立。すべての活動を集約し二〇一二年「山波言太郎総合文化財団」設立。二〇一二年他界。

訳書『シルバー・バーチ霊言集』『ホワイト・イーグル霊言集』『霊の書』上下巻他。著書『人類の最大犯罪は戦争』『日本の言霊が地球を救う』『宮沢賢治の霊の世界』『音楽進化論』他。詩集『水晶宮』『同年の兵士達へ』『一九九九年のために』『アオミサスロキシン』など一五冊。

本書について ——デクノボー一人

本書は、28年前の講話の記録です。しかし全くふるくないのです。むしろ今、私たちの為に語られているようです。

戦後70年の今日、世界はグローバル化され、自国の平和と安全も全世界と分かちがたく、経済優先の格差社会は深く人心を蝕み、環境破壊を進め、常態化した異常気象がいつ何時、異変を起こすかわからない、一寸先は闇、混沌とした世の中です。

本書は、私たちがこの時代を闇夜を航海するように生きるとき、燈台のように照らしてくれます。それだけでなく私たちひとり一人のなかに光があると気付かせてくれますから、無明の闇はその時から消えます。これまで多くの人が本書によって自己の人生をひらき、世の中に光を灯す人になっています。

本書は宮沢賢治のかくされた真実を語っています。霊覚者であり地球革命家であった賢治、この賢治の秘密を著者 桑原啓善はなぜ発見したのか、それは桑原自身、賢治と全く同じことをしようとしたからです。すなわち賢治が霊覚でとらえた真理（法）を桑原は心霊研究とスピリチュアリズムから知り、それによって地上に天国を実現しようとしたのです。まず自分がデクノボー（無私無償の愛の人）になって、皆にもなっていただくというやり方です。賢治は37歳で死ぬときまで童話や詩でそれを書き、自分の生き方でもそれをやり通しました。同じ事を考えやろうとした者にだけ、それがはっきり見えたのです。

桑原啓善は、日本に於ける正統な心霊研究の第一人者、スピリチュアリストです。そして天性の詩人です。瑞々しい歌詞や抒情詩と共に天啓の詩と言われる予言詩をのこしています。桑原は先の大戦で学徒出陣し、特攻基地で戦争体験をしています。これによってのちに、戦死者からの通信（詩）を受けとり、地球上から戦争をなくすことを決意、悲願として、こののちの生涯をそのために捧げました。本書もその桑原の活動の中で生まれたものです。

ですから本書は、宮沢賢治の真実を語るものであると共に、桑原が唱導するネオ・スピリチュアリズムの核心を説いたものでもあります。ネオ・スピリチュアリズムとは、近代心霊研究とスピリチュアリズムの結論です。人間は霊（神性）であるならばどのように生きたらよいのかということを、一定の知識と理論に基づき体系化した学問です。

桑原は死の3か月前、白つめ草の草原（由比ガ浜の海浜公園）で出会った人に、「賢治は兄貴のような気がする」と語ったそうです。92才の死の時まで、やはり桑原も宮沢賢治と同じように、デクノボーになろうと生き抜いたのでした。

本書は、深遠な内容をもっとも平易に、誰にでも分かる言葉で、具体的に語りかけています。これは目の前の庶民に親しく慈愛をこめて語りかけている、いわば辻説法のようなものだと思います。昔、釈迦もイエスもなさったことでしょう。本書はテープおこしのままであり、時には現代ではふさわしくないと言われる語も使われていますが、あえて当時のままにしています。語りかけの中に流れる大切なものを毀さないようにするためです。ご了解下さい。

本書を手にした方がデクノボーになられることを、それによって地球が愛の星になることを、著者と賢治先生はどんなに願っているか知れません。

――4年目の3・11を前に――

2015年 3月 4日

編集者　熊谷えり子

桑原啓善（山波言太郎）の関連書のご案内

宮沢賢治の霊の世界
ほんとうの愛と幸福を探して

桑原啓善 著

定価　本体 2,476 円+税
四六判　ハードカバー　226 ページ

賢治が夢見たデクノボー革命

賢治の目には霊の世界が見えていた。臨終の日の朝、賢治は幽体離脱して森佐一の家を訪れた。この驚くべき事実から賢治文学の神秘と深淵のベールが開かれていく。本書はこれまでの宮沢賢治論に風穴を開ける衝撃の書である。

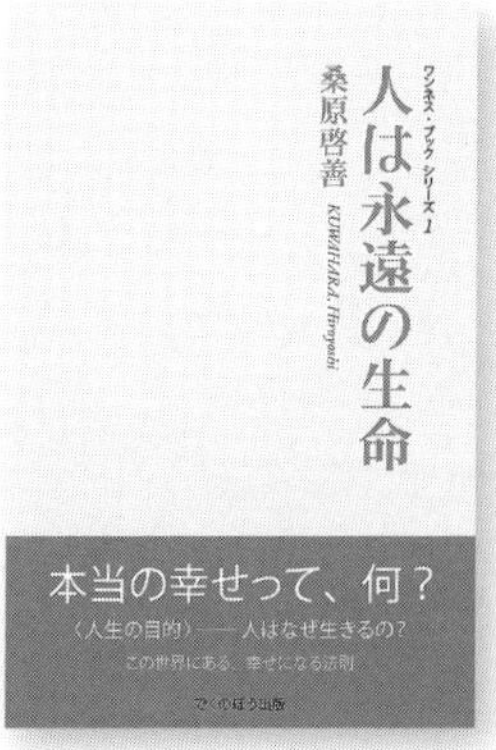

ワンネス・ブック シリーズ 1

人は永遠の生命（新装版）

桑原啓善 著

定価　本体 1,200 円+税
四六判　ソフトカバー　240 ページ

本当の幸せって、何？
〈人生の目的〉—— 人はなぜ生きるの？
この世界にある、幸せになる法則

本当の幸せを求めている方、お読み下さい。
身近な方を亡くされた方、お読み下さい。
死がこわいと思っている方、お読み下さい。
心が折れそうになっている方、お読み下さい。

スピリチュアルな話
宮沢賢治とでくのぼうの生き方

一九九五年　九月　二二日　初版　第一刷　発行
二〇一五年　三月　三一日　第三刷（新装版）発行

著　者　桑原　啓善
発行者　山波言太郎総合文化財団
発行所　でくのぼう出版
神奈川県鎌倉市由比ガ浜　四—四—一一
TEL　〇四六七—二五—七七〇七
発売元　星雲社（共同出版社・流通責任出版社）
東京都文京区水道　一—三—三〇
TEL　〇三—三八六八—三二七五
印刷所　株式会社　平河工業社

ISBN978-4-434-20464-7
ホームページ　http://yamanami-zaidan.jp